La entrevista, una invención dialógica

Papeles de Comunicación/8
Colección dirigida por J.M. Pérez Tornero y Pilar Sanagustín

1. M. de Fontcuberta - *La noticia*
2. I. Tubau - *Periodismo oral*
3. F.F. Díez y J. Martínez Abadía - *La dirección de producción para cine y televisión*
4. A.G. Meseguer - *¿Es sexista la lengua española?*
5. M.A. Ortiz y J. Marchamalo - *Técnicas de comunicación en radio*
6. J.M. Pérez Tornero - *El desafío educativo de la televisión*
7. P. Rodríguez - *Periodismo de investigación: técnicas y estrategias*
8. L. Arfuch - *La entrevista, una invención dialógica*

Leonor Arfuch
La entrevista, una invención dialógica

ediciones
PAIDOS
Barcelona
Buenos Aires
México

Cubierta de Mario Eskenazi

1.ª edición, 1995

Quedan rigurosamente prohibidas, sin la autorización escrita de los titulares del "Copyright", bajo las sanciones establecidas en las leyes, la reproducción total o parcial de esta obra por cualquier medio o procedimiento comprendidos la reprografía y el tratamiento informático, y la distribución de ejemplares de ella mediante alquiler o préstamo públicos.

© de todas las ediciones en castellano,
 Ediciones Paidós Ibérica, S.A.,
 Mariano Cubí, 92 - 08021 Barcelona
 y Editorial Paidós, SAICF,
 Defensa, 599 - Buenos Aires.

ISBN: 84-493-0102-5
Depósito legal: B-3.372/1995

Impreso en Novagràfik, S.L.,
Puigcerdà, 127 - 08019 Barcelona

Impreso en España - Printed in Spain

A Horacio

SUMARIO

Presentación, *Beatriz Sarlo* 11
Agradecimientos 17
Al lector 21
Introducción 23

1. Los lenguajes de la entrevista 27
   1.1. La invención dialógica 30
      1.1.1. El género discursivo, un espacio de heterogeneidad 32
   1.2. La conversación, una apuesta estratégica 36
   1.3. Conversación y sociabilidad: «turnos» e infracciones 42
   1.4. La entrevista como acción 46

2. Entrevistadores/entrevistados: el juego de los personajes 57
   2.1. El ser es el parecer 59
   2.2. Para conocerte mejor (a ti mismo) 61
   2.3. Elogio de la *performance* o las pruebas del héroe 66
   2.4. Escenografías 73
   2.5. Entrevistas de divulgación: el científico en proximidad 74
   2.6. Voces sobre la escritura 78
   2.7. *Reality shows* o la vida sin fronteras 82

3. La entrevista, una narrativa 89
   3.1. La «verdad» entre el fragmento y el detalle ... 92

3.2. La obsesión biográfica: entrever la interioridad 95
3.3. Ficcionalizar la vida tal cual es 103

4. La política como conversación 109
4.1. La política espectáculo: predicciones cumplidas 112
4.2. Los políticos en clave personal 116
4.3. El entrevistador, nuestro «representante» 123

5. La entrevista en la investigación periodística 131
5.1. El investigador/detective, una figura mítica ... 133
5.2. Periodismo, literatura e investigación 137
5.3. Autobiografía, memoria, narración 143

Conclusión 151
Referencias bibliográficas 155
Bibliografía básica sobre el tema 161

PRESENTACIÓN

La distancia entre los discursos y lo que llamamos «realidad» produjo, durante siglos, discusiones apasionantes. Verdad y verosimilitud, invención y representación, organicidad y descentramiento, fragmento y totalidad fueron las palabras con que se trató y se trata de aferrar esas dos lógicas diferentes y, en un punto, también incomunicables. En la fractura entre las dos lógicas y en el reconocimiento de que son, efectivamente, distintas, con regulaciones y configuraciones que no se sobreimprimen nunca a la perfección, se montaron todas las polémicas sobre el realismo y las soluciones (siempre contingentes) a la pregunta sobre las formas de la representación.

Doble problema: por un lado, verdad y verosimilitud son radicalmente incomensurables, porque para definirlas hay que colocarse en espacios regidos según reglas diferentes; por el otro, la verdad nos muestra finalmente sólo sus grietas, deja de ser una verdad, se oculta haciéndose negativa, o se disipa cuando la pensamos en términos relativos. Así, lo verosímil no garantiza ninguna verdad y la verdad misma queda en cuestión.

¿De qué hablan los discursos del periodismo, de la literatura, de la televisión o el cine? De un ideal tan arduo como imprescindible: el de la presentación de una diferencia (la diferencia entre «discurso» y «vida»), a través de medios que varían históricamente. El gran equívoco consiste en pensar que las posiciones filosóficas que apostaron a la relación entre verdad y verosimilitud confiaban sólo en la semejanza. Según creo, señalaban también el trabajo sobre las diferencias entre el decir y el suceder; y esas diferencias impulsan hasta hoy las estrategias por las cuales se construye la verosimilitud de lo que se dice (en el arte, en el periodismo, en los intercambios cotidianos).

Justamente, porque el discurso y la vida son incomensurables se plantea el problema de la representación de la vida en el discurso. Lo que se busca es un acercamiento de lógicas que, abandonadas a su propio movimiento, se repelen más de lo que se acercan. La cuestión pasa por los materiales y por la disposición de materiales, la lengua es múltiple y lleva inscriptas las marcas de usos dramáticamente diferentes. Además, una mirada ve lo que otras miradas pasan por alto y alguien señala lo que, para otros, es radicalmente inexistente. La frontera de los materiales con los que se construye el discurso no se amplía ni se restringe progresivamente, pero sí cambia a través del tiempo. Territorios que eran invisibles, indecibles, imperceptibles, se convierten en espacios explorados: otros espacios desaparecen. Desde ciertas perspectivas la configuración de lo imaginado y de lo representado tiene una fuerte organicidad, y sobre esa organicidad descansa lo que se llama su verdad o su poder de mostración; otras perspectivas exhiben, precisamente, el carácter fragmentario de toda presentación discursiva de lo real. Cuando escucho algo, otros sonidos se pierden; el aparato perceptivo parece una máquina de ver, pero es, fundamentalmente, una máquina de no ver.

No hay resolución a la pregunta sobre la proximidad de dos órdenes cuyas lógicas son distintas. Y aunque, pese a todo, persiste una solución que, tanto en el arte como en la comunicación, podemos llamar «realista», finalmente se impone la diferencia entre el orden del discurso y el orden de otras prácticas cada vez que se cree posible capturar aquello exterior que le huye al discurso y que, precisamente porque le huye, plantea un ideal: el de capturarlo. Ésta es, de todas las ideologías comunicacionales, la más utópica porque su programa la obliga al desafío de la asimetría que fatalmente enfrentan los discursos cuando hablan de otros discursos o de otras experiencias. Este impulso utópico de captura de lo real colonizó nuevos territorios al incorporar materiales cada vez más ajenos a lo que se consideraba legítimo: las voces populares, la imaginación no «cultivada», la mirada y la escucha de las mujeres, los saberes plebeyos, el mundo íntimo.

La teoría enfrenta el problema de la verdad de lo real y la verdad de la representación. Sobre esas dos verdades (indemostrables) se desencadenaron algunas de las batallas más furiosas de este siglo. Pero eso no fue todo. La escisión entre verdad y verosímil, o entre fragmento y organicidad pueden ser reconducidas a una red de conflictos definidos por la relación entre el espacio del discurso y otros territorios de la experiencia.

Quien lea este libro de Leonor Arfuch encontrará inevitablemente las cuestiones que se anotaron más arriba. Su tema es *La entrevista*, uno de los géneros que hegemonizan el discurso periodístico contemporáneo, escrito o audiovisual, pero también grandes territorios de la investigación social y, en la frontera, del arte narrativo.

Podría decirse: la entrevista es el género de la voz y de la autenticidad. Leonor Arfuch analiza sutilmente estas dos cuestiones: las modalidades de construcción de las voces autorizadas (tanto del entrevistador como del entrevistado) y la cualidad que hace que esas voces sean creíbles por sus escuchas. En la interlocución particular de los medios de comunicación el diálogo de la entrevista configura no un esquema de dos voces sino, por lo menos, una figura con tres vértices: entrevistador, entrevistado y público. La dinámica de la entrevista, que parece hundirse en el hábito inmemorial de la conversación, se hace más compleja (y, en el límite, más dudosa) por ese tercero en discordia para quien hablan los dos primeros. Arfuch sigue: este desdoblamiento de la comunicación tanto en el análisis de tramos comunicativos concretos (entrevistas en medios gráficos o audiovisuales, entrevistas en libros) como en sus hipótesis sobre un elenco de cuestiones significativas para los tres vértices que definen este circuito de discursos.

La entrevista produce autenticidad porque establece un juego de presencia y de relación directa: gente cara a cara que, en la pantalla del televisor o en la plana del diario, está unida por el contrato de decir la «verdad». Arfuch explica precisamente las complicaciones y transformaciones de este contrato que une a entrevistador, entrevistado y público. En efecto, esa «verdad» ha ido cambiando con el tiempo. Las observaciones de Arfuch muestran el modo en que la nueva política (digamos: la videopolítica) ha alterado profundamente las reglas de lo preguntable y lo respondible, la relación entre la intimidad del hombre público y la publicidad de su vida, las diferencias entre hombres y mujeres «en público», el juego de las expectativas sociales. En este continuum, la biografía construye una de las poéticas fundamentales de la entrevista y por ella, entrevistador, entrevistado y público establecen relaciones entre sujetos privados con historia y actores públicos marcados por ésta.

En la entrevista, demuestra Arfuch, se reconoce la primacía de la voz. De algún modo, la retórica de la entrevista confía en que la voz (la reproducción de la voz por medios técnicos, la transcripción de la voz en la escritura) garantice una relación entre el discurso y un suceder previo y exterior, desconocido por la audiencia y del que se piensa que podrán construirse significados iluminadores sobre quien habla.

Esta «verdad» instituida en la entrevista tiene sus procedimientos: la interrogación desencadena relatos de diverso tipo (recuerdos, anécdotas, ejemplos) que se presentan como fragmentos y detalles. Arfuch persigue el hilo que organiza estas breves iluminaciones no en un todo que sería el hipotético manifestarse de un personaje, sino en un flujo massmediático donde las narraciones de muchos personajes distintos, obtenidas en el diálogo de la entrevista, producen el efecto de una paradójica continuidad discontinua. Leemos o vemos, dice Arfuch, centenares de entrevistas y ellas tejen una trama público-privada que arroja el efecto de la cercanía sobre aquello que está bien lejos: los políticos, las grandes estrellas, los héroes de la cultura y de la ciencia.

La entrevista escrita o audiovisual permite escuchar a alguien que habla. La posición del tercero implicado (quien escucha, por medio del entrevistador, lo que dice el entrevistado) está comprometida en la red que tejen las creencias. Así, la entrevista parece más «verdadera», en la medida en que el entrevistador nos representa frente al entrevistado y nos incorpora a una actividad investigativa. También parece más «próxima», si se le compara con otros géneros, en la medida en que una «buena» entrevista debe garantizar una relación de cercanía (incluso de construida familiaridad) que, por convención, está ausente de los discursos oficiales, de las conferencias de prensa, de los debates parlamentarios. La «buena» entrevista logra más que cualquier otra práctica que refiera sentidos: no los re-presenta sino que los presenta. *Hace hablar* en lugar de registrar simplemente lo dicho. Como ningún otro género, la entrevista construye su fuente.

No es sorprendente, entonces (como lo demuestra Arfuch en este libro), que la entrevista sea un género privilegiado en la actual situación comunicativa: la videopolítica no podría prescindir de la entrevista porque ella construye intensamente la creencia, un bien escaso y preciado. En la entrevista el político juega el juego de la verdad que la sociedad cree ausente de las instituciones. En esta época de estallido del sujeto, el yo de la entrevista todavía tiene un lugar de enunciación privilegiado.

Leonor Arfuch escribió este libro en el continente actualísimo de la semiótica. Su rigor teórico y la inteligencia de los análisis le dan un lugar importante a aquellos que, como Bajtin, «fueron semióticos sin saberlo»; las huellas del Barthes semiológico y del Barthes simplemente crítico también se perciben en el texto. Finalmente, el diálogo con la teoría y la filosofía política son una marca de la apertura conceptual e ideológica de Arfuch. Así, el libro vive, sin sustraerse a la ironía ni a la crítica, problemas cruciales de la sociedad contemporánea.

Beatriz Sarlo

AGRADECIMIENTOS

Estoy agradecida a mis colegas y amigos Aída Loya, Paola di Cori y Mario Maradelli por el estímulo y la paciencia de lecturas y conversaciones.

Alguien podrá objetar que cuanto más tiende la obra
a la multiplicación de los posibles, más se aleja del
unicum que es el *self* de quien escribe, la sinceridad
interior, el descubrimiento de la propia verdad.
Al contrario, respondo, qué somos, qué es cada uno
de nosotros sino una combinatoria de experiencias,
de informaciones, de lecturas, de imaginaciones.
Cada vida es una enciclopedia, una biblioteca,
un muestrario de estilos donde todo se puede
mezclar continuamente y reordenar de
todas las formas posibles.

Italo Calvino
Seis propuestas para el próximo milenio

AL LECTOR

Estimado lector:

Esta vieja expresión, con la que Cervantes nos incitaba a acompañar las peripecias del Quijote, suena un poco extraña en nuestras sociedades satelitales, donde la distancia y el anonimato se imponen en el pulso acelerado de la cotidianeidad.

La invocación supone justamente una pausa, una cercanía para poder escuchar palabras especialmente dirigidas, extraídas del flujo incesante que parece decir lo mismo para todos. En este sentido, y paradójicamente, podríamos recomenzar: Estimado (y seguramente no desocupado) lector, en este libro se hablará muchas veces de destinatarios y lectores, figuras con las que sin duda te identificarás.

Nuestra proximidad está dada también, más allá de esta fórmula, por la lengua que compartimos, territorio de significación en el que anclamos quizá más fuertemente que en otras fronteras.

¿Cómo surgió la idea de este libro? Como suele ocurrir: por un desvío, por un discurrir que de pronto se transforma en otra cosa. Durante una investigación sobre los discursos electorales que marcaban el retorno de la democracia en Argentina (1983), advertí que la escena política se construía también —y por momentos, prioritariamente— con formas de presentación del candidato más directas, personalizadas, donde éste aparecía en su ámbito doméstico o en el estudio televisivo, hablando coloquialmente, lejos de las exaltaciones del acto público, como si nos dijera también, en confianza: «Estimado lector (¿o elector?)...».

Reparé así en la entrevista, su importancia, los giros inesperados que podía tomar, la diversidad de personajes y temas que incluía, el interés que suscitaba la posibilidad de ver, leer o escuchar a algunas figuras particularmente apreciadas. ¿Por qué, entre las innumerables formas de la narración que se nos ofrecen a diario, nos interesa esa posibilidad de conocer a quien admiramos, o nos despierta curiosidad, qué magia encierra el hecho de que nos cuente cómo fue su vida, cómo se inspiró para su obra, qué cosas le gustan, qué huellas guarda en su memoria? ¿Por qué, aunque no siempre creamos a pie juntillas lo que se dice, le atribuimos autenticidad a esa palabra? ¿Cuál es el *plus* de significación que se busca al interrogar incluso al pensador, al escritor, al cineasta, a aquellos que trabajan «contándonos» cosas?

Estas inquietudes me llevaron a abandonar el análisis de una forma tan estructurada como el discurso político, para aventurarme en un terreno menos teorizado y transitado, pero por otro lado familiar, muy próximo a la conversación. Así, decidí abordar el estudio de la entrevista como género, es decir, como una forma de cierta especificidad en el universo de la comunicación massmediática, a través de la cual era posible aprehender rasgos significativos de nuestra cultura, en esa simultaneidad de la experiencia que nos ofrece el escenario contemporáneo.

Esa experiencia compartida, no importa en qué ciudad, ante las mismas y sin embargo diferentes pantallas, es lo que quizá pueda interesarle al lector de este libro. Como consumidor de entrevistas que alimenta la pasión por la vida y la obra de sus ídolos o sus referentes políticos o intelectuales, reconocerá sin duda muchas cosas de lo que aquí se dice, recordará otros ejemplos (de humor, de identificación, de beligerancia), se dejará tentar por lo biográfico, formulará sus propias reflexiones y objeciones.

Pero también, si se trata de alguien especialmente interesado en la comunicación, incluso profesionalmente interesado, podrá encontrar alguna ayuda en el momento de enfrentarse al duro oficio de entrevistador o el no menos arriesgado de analista. Una y otra alternativa estuvieron presentes en el momento de la escritura de este texto en ese espacio imaginario donde se trama la complicidad del otro.

INTRODUCCIÓN

En el caleidoscópico horizonte contemporáneo, donde las ofertas culturales nos asedian haciéndonos vivir casi en permanente *zapping*, la entrevista periodística, esa vieja forma de indagación, ha conquistado un lugar de privilegio entre los géneros massmediáticos. Su versatilidad, que va de lo informativo a lo científico, de lo político a lo íntimo y hasta lo obsceno, no desdibuja su apuesta esencial: una especie de renovación cotidiana del contacto personalizado con el mundo, con una realidad que la revolución tecnológica hace cada vez más lejana e inasible.

Si en los *Diálogos* de Platón, Sócrates inauguraba el camino de la conversación con un otro como posibilidad de acceso al conocimiento, la entrevista ha conservado algo de esta herencia, aproximándonos a una gama muy amplia de personajes, temáticas y situaciones. Considerando su creciente expansión en el discurso informativo —uno de sus usos posibles—, es evidente que constituye una instancia irreemplazable para la creación del contenido de las noticias, sobre todo en la radio y la televisión.[1] Remitiéndonos específicamente a la política, la entrevista ha ido reemplazando gradualmente a otras formas (declaraciones, mensajes, discursos oficiales), instaurando con las figuras públicas una relación de proximidad.

¿Qué es lo que hace a su peculiaridad, a su eficacia y hasta su insis-

---

1. Refiriéndose a la importancia creciente del género en todas las formas que asume la comunicación contemporánea, John HERITAGE lamentaba que, a pesar de ello, esta forma dialógica particular no «había atraído demasiado al estudio sistemático». (Van DIJK, T. y otros, 1985).

tencia en poner «bajo los ojos» todos los aspectos de la actualidad? Sin duda, el prestigio del «directo», esa obligación testimonial que está en el origen mismo de la institución social de la prensa. Pero ese diálogo, que se presenta como el acceso más inmediato a una palabra auténtica, testimonial, autorizada, se enfrenta a una paradoja: su credibilidad se construye con procedimientos propios de los géneros de ficción, literarios o mediáticos (formas de narrar, gestos, expresiones, entonaciones); su «objetividad» puede derivar curiosamente de la puesta en escena, a veces exacerbada, de la subjetividad.

Es que, justamente, los usos de la entrevista no siempre apuntan a incrementar nuestro conocimiento de los «hechos» sino, muy frecuentemente, a relacionar dos universos existenciales, lo público y lo privado, en una variedad de cruces, mezclas y superposiciones. Así, el carácter público de ciertos personajes autoriza a interesarnos en su vida privada, y a la inversa, la singularidad de algunas privacidades las hacen dignas del espacio público. La interdependencia entre estos dos espacios, que por otra parte ha sido ampliamente teorizada (Arendt, 1978), asume en la entrevista una dimensión modelizadora: no sólo se muestra (una vida, una función, un acontecimiento), sino que se proponen criterios de valoración e identificación, se postula un orden deseable, ejemplarizador.

Otro terreno en que predomina esta forma discursiva es la divulgación: la ciencia, el arte, la cultura, la reflexión, las problemáticas de la sociedad. Tanto en la entrevista breve al científico, el artista, el escritor, como en el libro de «Conversaciones» —que puede ser tanto teórico como biográfico—, se pretende una articulación tranquilizadora entre vida y obra, una aproximación al fenómeno de la creación, a ese «lado oculto» de la autoría que el producto en sí mismo no alcanzaría a iluminar. Es que en la entrevista —con excepción quizá de esos intercambios triviales cuyo objeto es casi publicitario—, siempre se juega al descubrimiento de una verdad, una revelación que el diálogo, en alguna medida próximo a la indagación detectivesca, ayudaría a descubrir.

Estas hipótesis generales organizan el recorrido del libro. No me he propuesto realizar un análisis lingüístico de la entrevista, aunque no le resto importancia a tal empresa; tampoco trazar un inventario de los usos periodísticos, o una tipología de personajes. La idea es trabajar con libertad una trama de sentidos, aspectos múltiples que van desde su funcionamiento conversacional, sus reglas y sus desviaciones, hasta su incidencia en la configuración de lo político, por ejemplo, o de los territorios de la intimidad.

Esta sintonía entre el aparato formal, los usos y los significados sociales de esos usos —es decir, su relevancia en el contexto cultural—, encontró en la noción de género discursivo un principio organizador. Desde una óptica multidisciplinaria, la definición de la entrevista como género abordará en primer lugar la situación comunicativa, regida por el intercambio dialógico, sus participantes, su vecindad con la conversación cotidiana, los usos del lenguaje, sus infracciones, lo que de previsible y de imprevisible tiene ese juego intersubjetivo de la verdad (de lo coloquial a lo formal, del chiste, el malentendido, a la ironía o la agresión).

En segundo lugar, me interesó la manera en que interviene la afectividad, la expresión de los sentimientos, los personajes que se dibujan en esa escena (tanto entrevistadores como entrevistados), en busca de admiración, reconocimiento, identificación. Opuesta a las formas impersonales del discurso informativo, amplificando el detalle por encima de la mirada global, apoyada en la voz (la opinión, la creencia), la entrevista autoriza una hipótesis respecto de un uso regulador de los sentimientos en el plano social. Así aparece también con nitidez la figura del héroe, distante de los valores clásicos pero inspirada en nuevas hazañas, donde la fama suplanta con ventaja a las motivaciones trascendentales.

En cuanto al tercer aspecto, las «historias» que se narran en el devenir del diálogo, éstas van más allá del acontecer de la noticia o de la puesta al día de un campo de especialización, para acercarse a la literatura, y sobre todo a los géneros biográficos (autobiografías, memorias, diarios íntimos, testimonios, confesiones). La diferencia respecto de éstos reside quizá en la inmediatez del contacto, esa palabra que parece dicha sin mediación, en la espontaneidad del intercambio «cara a cara», y que aun las formas escritas tratan de restituir.

La entrevista a figuras políticas aparece tratada en particular, dado que es una de las formas más habituales de la comunicación política en nuestro tiempo —cada vez más identificada con el espectáculo—, que puede asumir tanto un carácter programático/propagandístico como intimista o humorístico. En mayor o menor medida, el diálogo apunta a la cercanía de la persona, a ese «ser común» del entrevistado que lo asemeja a cualquiera de nosotros y puede despertar, por ende, nuestra confianza.

Por último, he considerado los usos de la entrevista en la investigación periodística, su relevancia, sus semejanzas y diferencias con las formas vecinas de otras disciplinas. Allí se acentúa el carácter detectivesco de la indagación, ese mito de la búsqueda de la primicia, la resolución de un enigma o la denuncia del caso espectacular, aunque también opere, sin sobresaltos, en el planteamiento de temas y problemáticas cotidianos.

Este trazado de un género discursivo (el lenguaje, sus usos, los sujetos involucrados, sus destinatarios, sus escenas, temáticas, narraciones) no supone por cierto más que una relativa especificidad: a cada paso advertimos que los umbrales con otras formas son borrosos, y a veces indefinibles. Por otra parte, y aunque se formulen hipótesis respecto de los esquemas valorativos puestos en juego en la recepción, hay que tener en cuenta el carácter azaroso de la lectura, la negociación de sentidos que el texto siempre suscita en el lector. A esa suerte dejamos también librada nuestra lectura.

Capítulo 1
LOS LENGUAJES DE LA ENTREVISTA

El funcionamiento del lenguaje en la entrevista nos remite a formas de las cuales tenemos una experiencia cotidiana: el diálogo, la conversación. A pesar de que el principio dialógico determina aquí que «uno pregunta y el otro responde», los recorridos son siempre azarosos. Pensar la entrevista como género discursivo es atender a la situación comunicativa, sus interlocutores, el «pacto de cooperación» que se establece entre ellos (aun cuando sea para disentir), sus reglas y sus infracciones. Pero también es considerar los sentidos de esa interacción, los sistemas de valoración del mundo que se ponen en juego, la relación con otras formas discursivas, el modo en que se articula al contexto sociocultural. El carácter público, institucionalizado, de la entrevista no impide el desbordamiento, la disputa, el humor, y hasta la inconveniencia. En ese juego intersubjetivo participamos como el «tercero incluido».

Si un día cualquiera nos decidiéramos a hacer un registro de nuestros consumos massmediáticos, desde las noticias de la mañana a la lectura más o menos apresurada del diario, la radio que quizá nos acompañe en el coche, las revistas que leemos distraídamente en el consultorio o la peluquería, y finalmente, el momento ritualizado en que nos instalamos frente al televisor, nos sorprendería descubrir que ese espacio múltiple, discontinuo, estuvo ocupado en buena medida por entrevistas.

Esas voces, en el sonido distanciado de las líneas telefónicas o con la calidez de su presencia en el estudio de radio, en la reconocible diagramación de la prensa escrita o el encuentro más o menos formal en la pantalla, nos habrán hablado de política, de crímenes, de experiencias de la vida, de chismes, de las novedades en los campos del arte o de la ciencia. Abstraídos o interesados, habremos seguido con naturalidad los diálogos, ese reparto desigual donde uno de los protagonistas (periodista, locutor, presentador, escritor) usa (y también, ¿por qué no decirlo?, a veces abusa) del derecho a la interrogación.

Habituados al oficio de la conversación —quizá el que ejercitamos con mayor asiduidad—, no somos ajenos a esa palabra pública, más bien estamos incluidos desde el principio en su dinámica, que moviliza nuestras propias creencias y sentimientos, y nos suscita la réplica o la objeción. Por ello, si nos preguntaran cuál es la diferencia con respecto a nuestras charlas cotidianas, probablemente diríamos que, salvando las distancias que nos separan de algunos protagonistas, se trata de la misma práctica.

Es justamente en esa semejanza, por momentos engañosa, donde podría delinearse el espacio social que ocupa la entrevista: por un lado, el diálogo como lazo de proximidad, como familiaridad del intercambio entre personas, cualquiera que sea el nivel de las investiduras; por el otro, una estricta normativa institucional que rige las posiciones no intercambiables de entrevistador y entrevistado, los temas y recorridos autorizados según de quien se trate, los límites respectivos y hasta las posibles infracciones.

Terreno conflictivo por cierto: espacio público que puede involucrar a lo político, intereses en juego de los soportes massmediáticos, propósitos de los interlocutores, pugnas por el sentido de lo que se dice, vidas privadas puestas en escena. La complejidad de la apuesta comunicativa de la entrevista, en la que participamos como consumidores expertos y empecinados, merece sin duda que nos detengamos a analizarla desde diversos puntos de vista.

Pero, ¿por dónde empezar en esa caracterización, en el deslinde de similitudes y diferencias? ¿Cómo aproximarnos a un campo tan versátil, que cubre formas y usos tan distanciados entre sí? El camino elegido, siempre uno entre otros posibles, nos lleva en primer lugar a su materialidad, el lenguaje, a la escena comunicativa en la cual se realiza (el encuentro de por lo menos dos interlocutores), y a los sentidos que, por lo menos provisionalmente, se juegan en ese diálogo cara a cara, tan lejano y tan próximo del devenir socrático.

1.1. La invención dialógica

Si pensamos cómo es el funcionamiento de la entrevista desde el punto de vista de la situación comunicativa y sus participantes, la perspectiva de Mijaíl Bajtín (1982) resulta sumamente útil. Este teórico ruso, cuyos trabajos han tenido una influencia perdurable en la lingüística, la crítica literaria y otras disciplinas, ha desarrollado una reflexión tan profunda como abarcadora en torno a la enunciación y de su naturaleza interactiva, hasta el punto que su teoría suele denominarse «dialogismo».

Para Bajtín, toda enunciación es dialógica, es decir, supone siempre un interlocutor (éste puede estar presente, ausente, fantaseado), y por lo tanto, el atributo principal de todo enunciado es su carácter de *destinado*, modulado por la «presencia» del otro (el destinatario), en la medida en que argumenta para persuadirlo, le responde por anticipado, se adelanta a sus objeciones («tal como yo me las imagino») a partir de una hipótesis sobre su capacidad de comprensión. El destinatario es entonces una figura imaginaria, una idea que tenemos de cómo podrá ser nuestro «Lector Modelo»; sin embargo, está inscrito en el texto o en la conversación, en su lenguaje, sus giros, sus recorridos.[2]

La idea de que el destinatario está presente en el enunciado aun antes de que pueda emitir cualquier respuesta, e inclusive independientemente de ella, sugiere un protagonismo conjunto de los partícipes de la comunicación. Siguiendo esta línea, la recepción puede ser vista como un proceso activo y simultáneo, donde si bien la secuencia lógica es que «uno habla y el otro escucha», para luego invertir los términos, en realidad ocurre que *todos «hablan» todo el tiempo* (ese continuo asociativo en que uno imagina, recuerda, piensa, evalúa *mientras* alguien dice).

Tal apreciación, válida aun para la relación desigual que sostenemos con los medios de comunicación, donde no tenemos posibilidad de «emitir» nuestra respuesta, es muy relevante en el caso de la entrevista, en la cual el diálogo se construye precisamente en esa mutua adecuación de hablar no solamente *para* sino *por* un otro.

Mel Brooks, entrevistado por Larry Siegel para *Playboy* (1982)

—Oiga, ¿quién es ese tipo que acaba de entrar a la habitación con una cámara fotográfica?

---

2. La noción de «Lector Modelo» fue desarrollada por Umberto Eco en su *Lector in Fabula* (1981), donde describe las estrategias, desvíos y «trampas» que el texto tiende a ese Lector imaginario e ideal, a partir de inferencias comunes. Es justamente en ese juego de dar pistas para la interpretación que el Modelo se constituye y define.

P: Es uno de nuestros fotógrafos. Le va a tomar una fotografía para publicar con el reportaje.

—¿*Tengo que desvestirme?*

Esta «adecuación» opera sutilmente de manera indirecta, desplazada, produciendo un efecto humorístico en la transposición de la situación de la entrevista a las características temáticas que han dado fama internacional a la revista.

1.1.1. *El género discursivo, un espacio de heterogeneidad*

También el concepto de *género discursivo*, propuesto por el mismo autor, es pertinente para nuestros fines. Recordemos que la vieja idea de *género*, proveniente del campo de la literatura, remitía a rígidas normativas a las que debían ajustarse las obras para merecer ser incluidas en un canon: «poesía lírica», «drama», «novela», etc.[3] A pesar de que los criterios y las formas fueron variando a lo largo de los siglos y según las teorías, en general compartían la consideración de la obra como algo acabado, cuya pertenencia a un género dependía de sus características propias.

La noción de *género discursivo* amplía considerablemente el horizonte, al incluir no solamente a la literatura sino a cualquier tipo de discurso, pero con un propósito bien diferente: el de dar cuenta de las prácticas sociales que se juegan en cada esfera de la comunicación, sin pretensión normativa o clasificatoria. La atención se desplazará entonces de las reglas formales a la multi-

---

3. Las concepciones clásicas respecto de los géneros literarios se sustentaban fundamentalmente en el criterio aristotélico de los modos de enunciación (lírica, épica, dramática), o bien en la tríada platónica (narrativo —que subsume lírico y épico—, mixto, dramático). Más modernamente se postularon distintos criterios, entre ellos, el de los «mundos posibles» de la literatura y su relación con la realidad en cuanto referente, dando lugar a otras clasificaciones (fantástico, maravilloso, realista, surrealista, etc.). (Véase Genette y otros, 1986.)

plicidad de los usos de la lengua, los contextos y los usuarios o enunciadores. Más que a productos fijos, acabados, el género remite aquí a estabilidades relativas, a procesos en permanente tensión entre repetición e innovación.

> Una función determinada —señala Bajtín— (científica, técnica, periodística, oficial, cotidiana), y unas condiciones determinadas, específicas para cada esfera de la comunicación discursiva, generan determinados géneros, es decir, unos tipos temáticos, composicionales y estilísticos de enunciados determinados y relativamente estables (Bajtín, 1982, pág. 252).

Desde este punto de vista los géneros son extremadamente heterogéneos, pero lo que los hace comparables es su naturaleza lingüística común: «Incluyen... tanto la diversidad de los tipos del diálogo cotidiano... como una carta.. una orden... todo un universo de declaraciones públicas... las múltiples manifestaciones científicas, así como todos los géneros literarios» (ídem, págs. 248-249).

La heterogeneidad está presente incluso en el interior de cada uno, ya que los géneros son producto de mezclas y combinaciones. Entre los géneros discursivos simples o *primarios* se ubican justamente las formas cotidianas del diálogo, la conversación, los registros familiares.

Los géneros *secundarios* o complejos comprenden todas las variedades: periodísticos, literarios, oficiales, mediáticos, etc. Entre ellos ubicamos por supuesto a la entrevista, sin duda uno de los grandes géneros periodístico/mediáticos, pero que también es susceptible de ser considerada literatura o discurso científico, según ciertas formas, funciones, temáticas o enunciadores.[4]

El interés de esta tópica bajtiniana no es solamente el hecho de que permite pensar de acuerdo a múltiples variables, como

---

4. Nos referimos sobre todo a los libros de entrevistas, que pueden aproximarse a la autobiografía, si se centran en la vida del entrevistado, o bien al ensayo, si focalizan en su experiencia científica o artística.

lo estamos haciendo con la entrevista, la productividad discursiva en redes abiertas y virtuales. Su concepto de género discursivo supone también una *valoración*, o mejor, un conjunto de esquemas valorativos del mundo.

Volver a la entrevista desde la noción de género discursivo nos dará ahora cierta ventaja: los rasgos que vayamos anotando (funcionamiento, tipos de enunciadores y de enunciados, temáticas, situaciones, regularidades, valoraciones) se integrarán con mayor armonía en el trazado de una forma. De todas maneras, nuestro intento es más descriptivo que ordenador: aun cuando se trate de intercambios pautados, donde uno de los interlocutores es el que pregunta y el otro está allí para responder, sabemos que todo encuentro tiene una buena dosis de azar, y por ende, nunca es del todo previsible.

Juan Gelman, escritor (diario *Clarín*, 9/9/1993)

JG: Un amor muy fuerte que me puso frente a una cantidad de sentimientos que uno arrastra sin tener conciencia, como la muerte, la imposibilidad de la fusión con el otro, una cantidad de cosas... Pensar que uno en realidad le da a otro lo que uno no tiene. Yo no sé, ¿usted qué piensa?

P: No, yo soy el que pregunta, usted el que piensa.

Es esta imprevisibilidad de la palabra oral la que hace posible no sólo el movimiento y hasta la inversión de roles sino incluso el desplazamiento subrepticio de la pregunta misma.

Jacques Derrida (*Clarín*, 7/1/1993)

P: ¿Qué acontecimientos de los que tuvieron lugar desde entonces (mayo del 68) han tenido un impacto semejante?

JD: Hubo, claro, seísmos históricos o sucesos de gran magnitud.

Antes aun, la Guerra de Vietnam. Últimamente la Guerra del Golfo y la crisis de los países del Este. Pero hay muchas otras cosas que no tienen la forma de eventos, que carecen de la teatralidad propia de los acontecimientos y que, sin embargo, tienen una enorme importancia: por ejemplo, los efectos de la descolonización de África o la catástrofe del Tercer Mundo. Desastres frente a los cuales el problema del Sida parece pequeño. Incluso el fin del apartheid disimula un estado de cosas que no tienen la teatralidad mediática del acontecimiento. Más aún, pareciera que no hay acontecimientos. Pero lo que sucede es que hay que pensar de otra manera respecto a la noción de acontecimiento.

P: ¿Por qué?

Aquí, lo que guía la respuesta no es tanto el referente («los» acontecimientos), sino el propio concepto implicado, que genera un desplazamiento de la pregunta hacia el recorrido interior de la reflexión.

Si bien las entrevistas presentan una gran variedad, desde diálogos muy formales o interrogatorios estrictos a una suerte de charla entre amigos, el rasgo común a todas es una notoria flexibilización del lenguaje, donde está permitido el uso de expresiones coloquiales y hasta domésticas. Parecería que las mediaciones, inclusive las de la palabra escrita, no alcanzaran a disipar ese carácter de la oralidad, que se aviene por otra parte a la mística de la función periodística, a esa escena legendaria de la pregunta al testigo de los hechos.

La cercanía que sugiere la entrevista no tiene que ver solamente con el encuentro de sus protagonistas (que puede darse asimismo de manera indirecta, telefónica o por medio de un cuestionario enviado), sino también con una competencia que el receptor comparte con ellos. Contrariamente a lo que ocurre con otros géneros, donde éste puede muy bien interpretar pero no producir el texto (pensemos en la poesía, la novela, el ensayo, etc.), en la entrevista —y más allá de obvias especializaciones—, la aptitud básica para el diálogo forma parte de sus competencias habituales.

En definitiva, es siempre en la recepción donde se resuelven las expectativas de un género y se consuman sus itinerarios virtuales. El lector no sólo actualiza un texto por el acto material de la lectura, sino sobre todo por los sentidos que le otorga, en diálogo con lo que el texto aporta. A pesar de que la lectura misma está sujeta a ciertas competencias históricas que determinan cómo debe leerse, siempre existe la libertad de alterar los códigos y leer de otro modo, en otra clave.

1.2. La conversación, una apuesta estratégica

Estos comentarios en torno a la lectura también son válidos para el terreno menos trillado de la conversación, que a pesar de su familiaridad, o quizá justamente por ella, fue tardíamente abordada como objeto de estudio. En efecto, fueron en principio los géneros literarios y posteriormente el discurso religioso, político o massmediático los que alimentaron una verdadera obsesión en los analistas, tanto desde la óptica lingüística como discursiva y comunicacional.

Probablemente tuvo que ver con esta demora la abrumadora diversidad de situaciones, protagonistas, niveles de lenguaje, ese desorden primordial que evocara el concepto de «habla», acuñado por Ferdinand de Saussure para designar lo inabordable, lo que quedaba afuera de la «lengua», único objeto de estudio por entonces formalizable en una ciencia lingüística en su «primera fundación».

La célebre dicotomía saussuriana oponía así «la lengua», como norma, institución social, sistema jerárquico de diferencias opositivas —los signos— que hace posible la significación, a su realización en los usos, el «habla» (justamente la imagen más cercana a la conversación), individual, caótica, heterogénea, dependiente de la voluntad de cada hablante y por lo tanto imposible de analizar.

Esta exclusión, quizá imprescindible para formular algunas distinciones en el terreno escurridizo de la significación, fue, como suele ocurrir, el punto de partida de una «segunda fundación» de la lingüística, aquella que, preocupada precisamente por los usos y las prácticas, postularía la noción de «discurso», no como otro modo de nombrar el «habla» sino como una diferencia cualitativa importante respecto de ella: el discurso, como puesta en juego de la lengua, algo que se dirime entre un «yo» y un «tú», es también social, intersubjetivo, sometido a reglas, lugar no sólo de una intencionalidad sino también de la repetición, de lo involuntario, del inconsciente.[5]

El umbral del discurso, así entendido, prometía nuevos y productivos itinerarios para el estudio de los fenómenos de significación, las ideologías y los discursos sociales. Si la conversación no fue primera en la predilección de los especialistas, su interés se fue insinuando sin embargo desde diferentes perspectivas. «La conversación —diría Roland Barthes en el prólogo de un número de *Communications* dedicado a ella— es uno de esos objetos que plantean un desafío discreto a la ciencia porque son asistemáticos y toman su valor, si pudiera decirse, de su pereza formal» (Barthes, 1979, pág. 5).

Ese número de la revista francesa, pionera en el análisis transdisciplinario de fenómenos y tendencias contemporáneos, colocaba a la conversación en el centro de la escena. De la complejidad de la retórica griega a las pláticas de las Preciosas en el siglo XVII, pasando por el refinado ejercicio literario de la conversación en Proust, se delineaba un espacio exuberante, abierto a resonancias poéticas, pero asimismo susceptible de teorización.

La entrevista también formaba parte de los objetos abordados, no ya en alguna de sus versiones más comunes, sino en esa especie de «antigénero» que la estética *pop* de Andy Warhol se

---

5. Es el lingüista francés Emile Benveniste quien postuló esta noción de «discurso», esencial en su teoría de la enunciación, que resultara de gran importancia para el psicoanálisis, el análisis del discurso y otras disciplinas. (Benveniste, 1966)

había encargado de cultivar. Lejos de la idea de verdad o revelación que está presente en toda entrevista, las de Warhol en su revista *Interview*, con su vocación de captar nada más que la repetición, el cliché, lo banal, operaban como un límite al sentido. Esa posibilidad —esa libertad— era tal vez lo que hacía relevante incluirlas como objeto de reflexión en ese incipiente espacio analítico (Mauriès, 1979).

Paralelamente, diversas indagaciones orientadas al análisis de los usos cotidianos fueron revelando que la conversación, más allá de sus infinitas variaciones, estaba sujeta no solamente a normas del lenguaje sino también a una trama lógica de relaciones y a ciertas reglas propias de funcionamiento que las frecuentes infracciones no hacían sino confirmar.

Un aporte fundamental en esta dirección lo constituyó el clásico artículo de H. Paul Grice, «Logic and Conversation» Allí se postulaba la existencia de un *principio básico de cooperación*, sin el cual nuestros intercambios cotidianos se reducirían a una serie de frases deshilvanadas: «(Nuestros intercambios) ...son el resultado, hasta un cierto punto al menos, de esfuerzos de cooperación, y cada participante reconoce en ellos (siempre hasta un cierto punto) un objetivo común a un conjunto de objetivos, o, al menos, una dirección aceptada por todos» (Grice, 1975, pág. 46).

Este objetivo o dirección puede ser definido en un acuerdo previo, someterse a discusión o aparecer durante el intercambio, pero en cada situación los participantes tienen la capacidad necesaria para operar el ajuste de lo que se considere apropiado.

Tal principio se sustenta a su vez en una serie de reglas agrupadas en cuatro categorías a la manera kantiana: la de Cantidad («Que tu contribución contenga tanta información como sea requerida»), la de Calidad («Que tu contribución sea verídica», «No afirmes lo que creas falso ni aquello de lo cual no tengas pruebas») la de Relación («Sé relevante») y la de Modalidad («Habla con claridad», «Evita ser ambiguo»).

Quizá la máxima de Relación es la que plantea mayores interrogantes: ¿cuáles son los indicadores de la pertinencia de un tema o de una intervención (en otras palabras, cómo no «hablar por hablar»)?, ¿cómo se modifican durante un intercambio?, ¿qué procedimientos deben utilizarse para cambiar con legitimidad el curso de la conversación?

Manuel Puig, escritor, entrevistado por M.E. Gilio (1986, pág. 131)

P: ¿Qué le parece si empezamos por su infancia, en esa lejana provincia que para muchos es la Pampa?

—*No, no. No quiero hablar de mi infancia. Ya hablé mucho.*

—Resulta difícil hacer una entrevista a un escritor sin hablar un poco de su infancia.

—*Sí, yo entiendo. Pero es que no quiero, no quiero ir para atrás, tan lejos. No quiero.*

—Lo único que me puede convencer es que ir para atrás lo ponga triste.

—*No sé, no sé si es eso. No sé* —dijo con una voz tan melancólica que para mí fue evidente que era eso.

Si el orden racional de estas máximas y su idea tan marcada de finalidad e intencionalidad son quizá un tanto discutibles, lo que sí parece evidente es el carácter «cuasicontractual» de los intercambios. La noción de *implicatura* da cuenta de esto: ciertos sobreentendidos que comparten los interlocutores y que permiten descifrar en una conversación tanto la adecuación como la infracción.

Existiría así un modelo normativo implícito, socialmente aceptado, que las ocurrencias cotidianas se encargan de confirmar por vía negativa, a través de expresiones muy corrientes («es un pesado», «habla siempre él», «dice tonterías», «es un mentiroso», «es una tumba», etc.). También el humor se inspira a menudo en el efecto sorpresa de la inadecuación.

Mel Brooks, entrevistado por Larry Siegel en *Playboy* (1982, págs. 121-122)

P: ¿Cómo descubrió su sentido del humor?

—*Lo encontré entre las calles Tercera Sur y Hooper. Estaba en un paquetito atado con un cable eléctrico y con una etiqueta que decía BUEN HUMOR. Cuando lo abrí, saltó de él un gran genio judío. «Te concederé tres deseos», dijo. «Bueno, mejor que sean dos.»*

Aquí, el entrevistado decide ignorar el uso metafórico de la palabra «descubrir» que el entrevistador le ofrece —de alguna manera, no pacta—, y usándola de modo literal, como si el humor fuese una «cosa», lo que en realidad denuncia es lo absurdo de la pregunta misma.

Cabe señalar que las ideas de pacto, contrato, convención, cooperación, han tenido una gran productividad para dar cuenta de los usos del lenguaje, la competencia comunicativa, el estudio de la recepción y de la lectura. En este sentido, las encontraremos repetidas veces a lo largo de este libro, referidas a problemas y contextos diversos.

El enfoque de Grice nos permite pensar, en relación con la entrevista, que el acuerdo previo que permite el encuentro (una cita concertada de antemano, o bien, esa típica requisitoria periodística al paso), no necesariamente se mantiene en el curso de la conversación (ésta puede volverse, como todos hemos observado alguna vez, un campo de batalla).

Pero es que, justamente, también la polémica —y hasta la pelea— supone una adecuación a los principios de cooperación, salvo en el caso en que alguien, sin darse por enterado, siga jugando desaprensivamente otro juego (aludimos por supuesto a la muy conocida noción de Wittgenstein «juego de lenguaje»,[6] que se aproxima, sin confundirse, a la de «género discursivo»).

En cuanto a la pertinencia de las cuatro categorías mencionadas, dependerá de la situación comunicativa, los intereses en juego y el tipo de entrevista, pero indudablemente una de las máximas más ajustadas para el caso es la de «Calidad», en tanto remite a la cuestión de la veracidad, principio básico del discurso informativo.

Pero no siempre la palabra adopta acentos reveladores o supone una toma de posición. Ciertos intercambios fácticos, triviales, donde lo importante es establecer el contacto, y si se trata de la televisión, simplemente «estar allí», bajo la cámara, parecen consumarse con independencia del diálogo, o con el simple recurso a unas fórmulas trilladas.

De todos modos, y en tanto la entrevista aparece como la escena más típica de la comunicación cara a cara, casi como un modelo canónico, se enfrenta siempre a la exigencia de ajuste, de autocorrección (que en las formas escritas supone un trabajo a posteriori), y los deslices tienen un umbral de aceptabilidad que incluye por supuesto el rechazo a responder determinadas preguntas o aun limita su propia formulación.

Por otra parte, el nivel metacomunicativo, e incluso metalingüístico, donde la palabra se vuelve sobre sí misma (se refuerzan o deslindan sentidos, se aclaran expresiones, se interviene en la interpretación, en lo que «se quiso decir»), alcanza una am-

---

6. «La expresión *juego de lenguaje* debe poner de relieve aquí que hablar el lenguaje forma parte de una actividad o de una forma de vida. Ten a la vista la multiplicidad de juegos de lenguaje en estos ejemplos y en otros:
Dar órdenes y actuar siguiendo órdenes
Describir un objeto...
Relatar un suceso...
Inventar una historia
Hacer un chiste......
Suplicar, agradecer, maldecir, saludar, rezar... etc.»
(Wittgenstein, 1988, pag.39 y 41)

plitud mayor que en los diálogos cotidianos, sobre todo en entrevistas políticas y de divulgación científica.

Pero quizá una de las máximas a las que aun el lector desprevenido esté más sensibilizado, sea la de Relación («Sé relevante»), que acota según el medio, el soporte, el personaje y el destinatario los enunciados que deben y/o pueden ser dichos. Sobre ese límite, que puede transformarse en prohibición, se juega también la difícil articulación, ética, estética y política, entre lo público y lo privado. Más adelante volveremos sobre el tema.

1.3. Conversación y sociabilidad: «turnos» e infracciones

También desde una perspectiva sociolingüística, que pone el acento en la relación entre lenguaje y sociedad, la conversación ha sido objeto de interés. Un grupo de especialistas norteamericanos, los llamados «conversacionalistas»,[7] consideran que los intercambios cotidianos son lugares privilegiados de ejecución de competencias socialmente adquiridas y relevantes, donde es posible estudiar la compleja red de las relaciones sociales, la distribución del poder, las identidades.

En este sentido se concentran sobre todo en los procedimientos y reglas de la interacción «cara a cara», y por ende, en los lenguajes gestuales y corporales (kinésica) y la utilización del espacio (proxémica),[8] otorgando una gran importancia al funcio-

---

[7]. Los «conversacionalistas» (H. Sacks, E. Schegloff, G. Jefferson, entre otros) se inscriben en la tradición americana de las microsociologías, de gran expansión en los años 60 y 70, orientadas fundamentalmente hacia los comportamientos cotidianos y la producción del sentido común, donde se destaca el aporte de la fenomenología de Schutz, el interaccionismo de Goffman, la etnometodología de Garfinkel, la sociolingüística de Lavov, etc. Una evaluación de conjunto de las principales tendencias puede encontrarse en WOLF, 1982.

[8]. La atención prestada a la comunicación no verbal, tiene mucho que ver con la práctica de la terapia sistémica desarrollada por la Escuela de Palo Alto, donde el analista trata al paciente juntamente con su núcleo familiar, y se observa el comportamiento proxémico/ kinésico del grupo durante la sesión por cámara Gesell. Esta lectura gestual se integra de modo significativo a lo conversado en las entrevistas. (Bateson, Birdwhistell, Goffman y otros, 1981), (Watzlawick, Helmick, y otros, 1985).

namiento de los *turnos*, como principio ordenador de las intervenciones respectivas.

Verdaderos sistemas conversacionales, los turnos regulan los cambios de locutor, la duración de la emisión, la distribución de los participantes, la continuidad/discontinuidad en el uso de la palabra y por supuesto, las transgresiones. La dinámica es variable según el género en cuestión (conversaciones sociales, interrogatorio, conferencia de prensa, panel, debate, etc.), y opera en un equilibrio siempre amenazado por la pasión: todos sabemos del calor de la discusión, las tensiones, las disputas por el control o por «la última palabra».

¿Cómo funcionan los turnos en la entrevista? Parecería una pregunta irrelevante, por cuanto se trata en general de posiciones no reversibles, donde el cambio de voz estaría dado por la natural conclusión de la respuesta, y el rumbo de la charla por un «mutuo consentimiento». Sin embargo, no escapa a ninguna de las tretas de las que tenemos una vieja experiencia: disputar el espacio del otro, desviar una pregunta, interrumpir un hilo narrativo, desautorizar, agredir, cortar la palabra. Más aún, nuestra asiduidad como receptores atentos, nos habilita a percibir no sólo el ejemplo sino también el contraejemplo: he ahí lo que no debe hacerse cuando uno sostiene un diálogo con otra persona.

Carlos Monzón,[9] entrevistado por M.E. Gilio, (1986, pág. 37)

Las primeras palabras en su casa fueron: «Rápido, porque me voy al cine».

P: ¿Qué le pasa, tiene miedo?

—*¿Yo, a una mujer?*

---

9. Boxeador argentino que obtuvo varios títulos. Varios años después de esta entrevista fue acusado de haber causado la muerte de su mujer, golpeándola y empujándola durante una pelea. Actualmente está todavía en la cárcel por ese crimen.

P: No a una mujer, a una periodista.

—*Nooo.*

P: Yo sí le tengo miedo.

—*¿A mí? No le voy a pegar. ¿Por qué?*

P: Sé que no le gusta hablar. Que no quiere reportajes.

—*No, eso, para mí... Bueno, hay algunos que le tienen miedo hasta a los muertos. Yo, para mí, se murió, se jodió.*

P: ¿Cómo empezó a boxear?

—*¡Oh!, ésas son preguntas viejas (...)*

P: ¿Por qué se ríe ahora?

—*Por las pavadas que inventan los periodistas. ¡Inventan cada pavada!*

Otra noción pertinente para pensar nuestro género discursivo, es la de «parejas» de enunciados, cada uno de ellos formulado por un enunciador diferente pero que se corresponden en una relación complementaria: pregunta/respuesta, invitación/aceptación-rechazo, reclamación/concesión, etc. Aquí también, a un encadenamiento lógico, esperable, pueden contraponerse alternativas tangenciales, respuestas laterales, elusivas, en forma de nuevas preguntas, juegos de humor, deslizamientos que hablan en definitiva de las estrategias discursivas idiosincrásicas de una sociedad.

Mel Brooks, entrevistado por Larry Siegel en *Playboy* (1982, págs. 121/122)

P: Mel, nos gustaría preguntarle...

—*¿Quién es «nos»? Veo a una sola persona en este cuarto. Sin contarme a mí, por supuesto.*

P: Al decir «nosotros» nos referimos a *Playboy*.

—*En otras palabras, ¿quiere decir que usted me interroga en nombre de toda la sexualmente liberada organización* Playboy?

P: Así es.

—*De paso, ¿cuánto me van a pagar por este reportaje?*

P: Nosotros no pagamos a nuestros entrevistados.

—*¿Y qué me dice de* usted*, señor Nosotros? A* usted *le pagan por hacer esto?*

P: Bueno, sí, pero porque somos empleados de *Playboy* (...)

—*Le diré lo que haremos. Yo le haré las preguntas a* usted. *Y que me paguen a mí.*

Estas aproximaciones a la competencia comunicativa podrían parecer un tanto formalistas, limitadas a funcionamientos mecánicos entre interlocutores entrenados. Sin embargo, el alcance de estas «microsociologías» (que por otra parte se abren a una pluralidad disciplinaria), a partir de investigaciones de campo muy minuciosas, es quizá la atención otorgada a la relación, siempre conflictiva, entre fenómenos sociales y lingüísticos, al punto de considerar que es en las prácticas conversacionales donde los individuos manifiestan y construyen el orden, los lazos y los sentidos de la sociedad en que viven, y, por supuesto, sus propias diferencias grupales, étnicas, culturales, generacionales, etc.

1.4. La entrevista como acción

Separados en tiempo y espacio, estos paradigmas comparten con el de John Austin, un eminente representante de la «filosofía del lenguaje ordinario» de Oxford, la consideración del lenguaje como un tipo particular de acción. La indagación de Austin ya en los años cincuenta, en torno de «qué se quiere decir cuando se usan determinadas expresiones» partió de un intento de refutación de las teorías representacionistas (el lenguaje «representa» los estados del mundo) y se centró en el análisis pormenorizado de usos y situaciones, para poner de manifiesto su carácter eminentemente creador, transformador de la realidad.

Así, todo enunciado, más allá de «lo que dice» cumple un acto *ilocutorio* por el hecho mismo de su enunciación, un *hacer* inherente al lenguaje: afirmar, proponer, objetar, opinar, interrogar, negar, prometer, ordenar, aconsejar, etc. En este sentido, lejos de ser un mero reflejo de lo existente, produce modificaciones en la situación, generando nuevas relaciones entre los interlocutores. Uno de sus ejemplos clásicos, la promesa, permite ver bien este principio: al prometer, alguien realiza una acción que crea una obligación, desde el momento en que otro tiene el derecho a esperar su cumplimiento (lo que algunos autores llaman una «transformación jurídica»). La acción de prometer, entonces, se cumple en sí misma, independientemente de que luego se concrete o no lo prometido (Austin, 1982).

Carlos S. Menem (*Página*, 12, 12/5/1989)

P: Usted aclaró en bastantes oportunidades que los cambios no vendrán tan rápidamente.

—*Lo que hay que cambiar inmediatamente es una tendencia, un camino. Que en la Argentina vuelva a ser negocio hacer negocios, que vuelva a ser negocio trabajar. A partir de ahí, yo pido un plazo de dos años para empezar a ver realmente las soluciones.*

Pero yo me comprometo desde el primer día a que se note el inicio de un camino distinto. (El subrayado es nuestro.)

Sin ir a intercambios tan arriesgados (los políticos siempre pagan costos por sus promesas pendientes), podría decirse que todo tipo de actos lingüísticos (afirmar, recomendar, advertir, elogiar, felicitar, etc.) produce un cambio en la situación, en la medida en que aquéllos son interpretados por otro, el destinatario, en un marco de circunstancias apropiadas.

Pero, ¿qué es lo que da sentido a la acción de prometer, ordenar, elogiar, afirmar, demandar, sino la existencia de convenciones sociales que dictaminan que las promesas deben cumplirse, que algunas personas pueden dar órdenes, que el elogio implica un reconocimiento, que una afirmación supone una responsabilidad, etc., etc.?

El acto o valor ilocutorio entonces, que concierne a la relación entre interlocutores y sus posiciones respectivas en la situación de enunciación, acentúa el aspecto *convencional* de todo intercambio, que supone reglas y condiciones necesarias para una satisfactoria ejecución. Nuevamente nos enfrentamos a la idea de un acuerdo, de un equilibrio normativo que sostiene la posibilidad misma de la comunicación.

Desde esta óptica, la entrevista se puede analizar como un ejemplo canónico: se construye a partir del derecho a preguntar, convoca por ello mismo al acto *perlocutorio* («lo que producimos y logramos porque decimos algo») en forma de respuesta inmediata,[10] puede operar como un simple intercambio pero también como una instancia de verificación, de control o de denuncia, llegando inclusive a ejercer una violencia de la interrogación.

En efecto, es bien reconocible cierta modalidad tribunalicia donde el entrevistado parece sometido a juicio público, obliga-

---

10. El acto perlocutorio, en tanto respuesta, puede ser lingüístico o consistir en una acción de cualquier tipo.

do a dar detalles, cifras, datos, aclaraciones. En esos casos, los golpes de efecto, las citas sorpresa («en tal fecha usted dijo o hizo ...»), toman claramente el lugar de la prueba para una acusación. Curiosamente, este registro no sólo se activa en relación a figuras o asuntos públicos (allí se juega un imaginario clásico de la información: el reportero/detective que en aras del interés general tiene la obligación de dar estado público a lo que quizá arteramente quiera ocultarse), sino también suele referirse al mundo de lo privado.

Límite peligroso que a veces deviene en sadismo, en agresividad del entrevistador: buscar una verdad puede terminar, como señalara Roland Barthes, en un gesto de indelicadeza «...¿por qué al hablar, no tendríamos el derecho, en lo que respecta a tal o cual punto emitido por nuestro interlocutor, de quedarnos sin combustible?» (Barthes, 1983, pág. 12).

Juan Manuel Casella,[11] político (revista *Vosotras* oct. 1986)

P: ¿Comparte las tareas con su mujer? ¿Alguna vez dio el biberón, cambió pañales o bañó a sus chicos en estos catorce años?

—*¿Tareas materiales? No. Bueno.... a eso apunto. Compartimos su educación.*

P: Pero un pañal, un biberón... ¿nunca?

—No... No... Nunca.[12]

---

11. J.M. Casella, perteneciente al Partido Radical, en ese momento en el poder bajo la presidencia de Raúl Alfonsín, se presentaba entonces como candidato a gobernador de la provincia de Buenos Aires.
12. Este ejemplo muestra una cuestión bastante interesante respecto de cómo se acentúa la diferencia sexual en la entrevista, que parece operar, sobre todo en lo que hace a los políticos, una especie de inversión simbólica: una «feminización» del hombre, llevado a hablar sobre su domesticidad, una insistencia en «hablar de política» en la mujer como para balancear el peso de sus «funciones» en el hogar, doble condición que difícilmente escapa a la pregunta. En ambos casos, hay una especie de autojustificación al respecto.

Los enfoques que hemos venido presentando permiten estudiar al género entrevista como una actividad discursiva compleja, que teje redes de intersubjetividad, crea obligaciones, ejerce la persuasión, el control o la violencia. En este sentido, aunque ligada a las prácticas de la conversación cotidiana, se aleja sin embargo de ellas por su grado de institucionalización, por su intencionalidad, por su articulación al espacio público y a la función periodística, por la notoriedad o el estatus de sus protagonistas, pero además, por el tipo de competencias exigidas en el rol del entrevistador.

En efecto, si bien los turnos se reparten generalmente en el juego mismo de la interrogación, la necesidad de ajuste constante entre preguntas y respuestas, así como el requisito de mantener el propio interés, el del entrevistado y el del público, demandan una serie de competencias específicas por parte del entrevistador.

Plantear con claridad las preguntas, repreguntar, volver sobre un tema o cuestión que quedó pendiente, resumir, glosar o desarrollar lo sustancial de las afirmaciones del otro, hacer avanzar el diálogo, anular el silencio, aprovechar elementos inesperados pero relevantes, dar un giro radical si es necesario, abrir una polémica, son algunas de las habilidades pragmáticas que resume el concepto de *formulating* (formulación) propuesto por Garfinkel y Sacks para este tipo de intercambios, que suponen una práctica inusual en la charla cotidiana.

Podemos contrastar dos ejemplos de «formulación»:

Osvaldo Dragún, dramaturgo (revista *Humor*, 1986)

—*Hace casi dos años que no tengo trabajo en televisión...*

P: ¿Y eso a qué se debe?

—*No tengo la menor idea...*

P: ¿Se puede hablar de censura?

—*No, no creo...*

P: ¿Y de quién depende?

—*No sé de quién depende...* (y aquí comienza de hecho la respuesta, donde hay, efectivamente, un *quién*)

Oscar Aráiz, coreógrafo, (*Clarín*, junio de 1986)

P: Ocurre que no hay artista que no sueñe con llegar a la mayor cantidad posible de gente...

—*No estoy de acuerdo.*

P: ¿Por qué?

—*Y ¿por qué? ¿Para ser más conocido...? ¿Para tener más éxito?*

P: Porque piensa que tiene algo importante que comunicar.

—*No. Yo no sé si la danza tiene que comunicar algo. ¿Quién dijo que tiene que comunicar algo?*

Mientras que el primer ejemplo se inscribe dentro de las formulaciones tendentes a desarrollar un tema, a sacar a luz algo que no se quiere y/o puede decir, el segundo parece más bien abogar por la negativa planteando una inversión de roles: el entrevistador propone al otro discurrrir dentro de su propia lógica y el diálogo termina impulsado por el rechazo.

Este último ejemplo, que resulta anómalo para la percepción ya automatizada que se tiene del género, parecería confirmar una tesis de F. Flahaut (1978) según la cual la mayor parte de los diálogos se reducen, en su estructura profunda, a un intercambio a menudo conflictivo, que tiende a confirmar las imágenes respectivas. La naturaleza del intercambio sería entonces la imperfección, la precariedad, un desajuste casi obligado que exige una adaptación mutua, un «remodelado» para alcanzar la ilusión de estar más o menos en la misma longitud de onda.

Sin embargo, el conflicto, en una cierta dosis, no es ajeno a una buena interacción: la diferenciación de posiciones redunda tanto en interés del tema como de la relación que se juega en ella. Este parámetro también puede servir para caracterizar tendencias en la comunicación (Orecchioni, 1986) (belicistas, pacifistas, intermedias).

En las formas radiofónicas o televisivas, la tensión posible entre ambas voces, la pugna o el desacuerdo, suelen ser inmediatamente evidentes (y muchas veces insalvables), aunque también se expresen en la materialidad de la escritura. Sin duda, hay allí un problema de tiempo, un «diferido», un trabajo unilateral a posteriori que, según como se mire, resulta inquietante: qué puede hacer el otro con la propia palabra al escribir; en definitiva, ¿cómo se reparte el poder de la enunciación?

Marlon Brando, entrevistado por L. Grobel en *Playboy* (1982, pág. 243)

P: Durante la mayor parte de su carrera usted ha evitado las entrevistas prolongadas, ¿por qué?

—*Me he arrepentido de la mayor parte de las entrevistas que me han hecho, porque no escriben lo que uno dice, o porque lo dicen fuera de contexto, o porque lo yuxtaponen de tal manera que no refleja lo que uno ha dicho (...) y además, se puede decir algo dentro de un determinado espíritu, con una sonrisa, pero cuando aparece impreso, la sonrisa no está.*

P: Siempre podemos indicarla entre paréntesis (...)

Ese momento utópico de la transparencia, de la restitución de una palabra «tal como fue dicha» aparece al mismo tiempo como regla y como imposibilidad de la escritura: la obligación de reproducir «textualmente» enunciados que sin embargo ya están fuera del marco de su enunciación, en otro contexto y otro tiempo. En un juego de cajas chinas, esa escena «primigenia» del encuentro, donde ya estábamos incluidos como un tercero virtual (destinatarios, alocutarios, públicos), entra, transformada, en un relato que pretende ser representación de esa escena, y que define a su vez los lugares posibles para el receptor.

Más allá de la fotografía casi obligada para la ilustración de la entrevista, o el reconocimiento ambiental que hace la cámara televisiva, hay en las propias formas escritas o radiofónicas un intento de representación «visual», de atrapar «entre paréntesis» aquello que es de otro orden (como la sonrisa), una utilización de signos diegéticos, a la manera del guión de cine, o del segundo texto teatral:

Mel Brooks, entrevistado por Brad Darrach (1982, pág. 129)

(Comiendo un puñado de pasas de uvas recubiertas de chocolate y masticándolas con la típica sonrisa del muchacho del barrio de Brooklyn): —*Muy bien, empiece con las preguntas, muchachito judío, o lo que se supone que sea.*

P: De episcopalista a episcopalista, ¿qué le parece si les damos a nuestros lectores una idea de su verdadero aspecto físico? En la primera página de este reportaje habrá tres fotografías suyas, pero creo que no le harán justicia. (...)

Aun cuando aparezca como un recorrido azaroso, librado a la iniciativa mutua, todo diálogo está atravesado por múltiples determinaciones, no sólo las inherentes al uso del lenguaje y a las posiciones de los enunciadores (tal como viéramos en los enfoques presentados), sino también las que imponen las instituciones involucradas en cada caso y los soportes mediáticos en cuestión.

Esta «ajenidad» de la palabra (por cuanto se está obligado a decir o no decir, a «hablar por boca de otros»), compartida por los interlocutores, participa de un fenómeno mayor, que ya Bajtín analizara, y que tiene que ver con la pluralidad de voces que hablan, sin que nos demos cuenta, en los enunciados que consideramos «propios»: viejos saberes, creencias, dichos del sentido común, verdades que no necesitan demostración, opiniones fijadas por el estereotipo.

Así, cada enunciado no solamente interactúa, como vimos, con un Otro que instituye frente a sí (dialogismo) sino también con la otredad de lo *ya dicho*, con el antiguo sustrato de una lengua y una cultura. En ese sentido nunca es un *primero*, por más que responda a nuestra iniciativa personal, al mundo de nuestra experiencia.

Giulietta Masina, entrevistada por M.E. Gilio (1986)[13]

P: ¿Qué distingue al primer actor?

—*Su capacidad de ejercer sobre el público una especie de fuerza de gravedad, y eso no está solamente relacionado con que sean buenos. Hay actores buenísimos que no hacen llorar a nadie.*

P: ¿Se trata entonces de una condición especial...?

—*Actor se nace; es inútil querer serlo si no se tiene adentro una* condición especial. (El subrayado es nuestro)

Este reconocimiento del carácter polifónico del lenguaje ha sido de gran importancia, tanto para la reflexión filosófica como

---

13. Agradezco a Debra Ferrari la búsqueda de algunos ejemplos pertinentes para este capítulo.

para diversas disciplinas. En primer lugar, porque contribuyó a desdibujar la ilusión del sujeto como fuente de su palabra y del sentido: hablamos no desde una absoluta soledad sino desde una trama sociocultural, *somos hablados* (diría el psicoanálisis) en tanto el lenguaje nos precede y nos impone sus marcas (desde nuestro nombre) y más aún, en tanto no solamente somos sujetos de razón sino también del inconsciente.

Una segunda conclusión que podría sacarse es que el lenguaje atesora una sabiduría acumulada en sus usos históricos, una riqueza de significaciones que se actualizan en nuevos contextos. Asimismo, la idea misma de esa heterogeneidad, de esa trama polifónica de voces, nos hace sensibles a lo que, en el plano de los textos, puede denominarse *intertextualidad:* el modo en que dialogan entre sí los discursos, las diferentes huellas de unos en otros, las afiliaciones, las deudas y préstamos.

Desarrollando estos postulados, la lingüista francesa Jacqueline Authier distingue en la polifonía dos aspectos: una «heterogeneidad *constitutiva*» del discurso, que es la que no está marcada, y por lo tanto, es asumida como propia, frente a una «heterogeneidad *mostrada*», que está dada por todos los mecanismos donde se hace explícita la referencia a otros discursos: la citación, el entrecomillado, la cursiva, el uso de expresiones idiomáticas, la jerga, el discurso referido (directo o indirecto), la atribución de autoría, etc. (Authier, 1982).

En su estructura dialógica, y aun cuando consista en un breve intercambio, la entrevista permite sin embargo la expansión narrativa que tiene que ver con las transformaciones de una historia. En este sentido se aproxima a la conversación cotidiana —una actividad cuya naturalidad hace quizá imperceptible su importancia—, donde el sujeto, a partir de relatos personales, construye un lugar de reflexión, de autoafirmación (de un ser, de un hacer, de un saber), de objetivación de la propia experiencia.

Este trabajo narrativo tiene cierta similaridad con los relatos de ficción de la literatura. Aquí también son identificables algunos de los componentes canónicos de aquélla: la voz, y sus distinciones —autor/narrador/personaje—, el tiempo del relato, su velocidad y ritmo, los modos de la narración.

Pero si en el texto literario se ha establecido ya con suficiente claridad la distancia que va del *autor* en carne y hueso, con su biografía y sus obsesiones, al *narrador*, este último como una figura discursiva, voz interior al texto que talla sus propios acentos con independencia del orden de «lo real», en el reportaje haría falta trazar la diferencia entre la persona cuyo cuerpo y voz se imponen a la mirada y *quien habla allí*, en el diálogo, en definitiva también un sujeto discursivo. Pese a la innegable cercanía, tampoco aquí se confunden ambas figuras; por eso quizá pueda hablarse con mayor propiedad de *personajes* (tanto entrevistadores como entrevistados) construidos para su exhibición pública, con los mismos procedimientos de ficción de la literatura o la televisión.[14]

Si ya en los umbrales de la modernidad, la conversación mundana del salón o la corte y su representación literaria jugaron un papel preponderante en la constitución histórica del ámbito de lo privado, otras conversaciones confluyeron en la delimitación misma del espacio moderno de lo público: las que tenían lugar en las «casas de refrigerio» londinenses del siglo XVIII, donde los temas de interés eran abordados por los contertulios dejando de lado diferencias entre rangos y clases sociales, las de los cafés parisienses y vieneses de la misma época, las que circulaban en circuitos tan diferentes como las tabernas de trabajadores manuales, los clubes en Inglaterra o los contemporáneos a la Revolución Francesa.[15]

---

14. La entrevista pone en evidencia un fenómeno cotidiano: al hablar, son las marcas emocionales, la gestualidad, la entonación, lo que realmente hace al sentido de lo que se dice. Pero esas marcas son también sociales, convencionales, y se espera en cada caso que sean las adecuadas a la situación (la gravedad, la pasión, la sorpresa, etc.). En una ida y vuelta constantes, si el arte «imitaba» la vida, ahora, la vida se nutre ya de gestos y expresiones del cine o la televisión.

15. Referencias en torno de la constitución de lo público a través de espacios de conversación pueden encontrarse en obras tan disímiles como Habermas, 1981, Sennett, 1978, Janick y Toulmin, 1983, Chartier, 1990, Aries, Duby y otros, 1990.

Estos espacios, contrapuestos a la creciente privatización del ámbito doméstico,[16] sin confundirse con los que constituían tribuna oficial (Parlamento, asambleas, juntas estamentales), tuvieron un papel protagonista en las transformaciones del Estado y las nuevas formas de la política, permitiendo la confrontación de ideas entre ciudadanos y tendencias, un tipo de intercambio que aparece como huella lejana de lo que, tras profundas transformaciones, entendemos como «opinión pública».

La revolución tecnológica, las cada vez más sofisticadas instancias de una comunicación vía satélite, los contactos informáticos y despersonalizados, no han acallado las conversaciones públicas, quizá sólo las han distanciado, multiplicando escenarios y voces. La entrevista, en el umbral entre lo público y lo privado, entre el intercambio personal y la audiencia masiva, entre la palabra y la imagen, es uno de los lugares posibles de su manifestación.

---

16. La división entre estos espacios se delineaba también en relación a la diferencia sexual: el amplio mundo de lo público/político como incumbencia de los hombres, la clausura de la domesticidad para las mujeres. El Salón o la tertulia continuaban siendo, no obstante, recintos privilegiados de conversación con neta predominancia femenina. Véase ARIES y DUBY, 1989.

Capítulo 2

ENTREVISTADORES/ENTREVISTADOS: EL JUEGO DE LOS PERSONAJES

¿Quiénes son los personajes de la entrevista? *La lista es variada: científicos, artistas, políticos, deportistas, presidentes. Su autenticidad depende, paradójicamente, de la ficcionalización: su «ser» es el parecer, es decir, una actuación, una gestualidad, una vestimenta apropiadas según el «tipo», y hasta una escenografía. La mostración de la afectividad los hace aptos como modelos para el conjunto. La imagen de héroe que aparece en la entrevista está ligada a los valores contemporáneos: el éxito, la eficiencia, la audacia, la trayectoria, la fama. Muchas veces lo que se busca es lograr «un retrato» del personaje, descubrir su «lado oculto», su verdad. La pasión biográfica no solamente no respeta umbrales de la privacidad de los famosos sino que últimamente alcanza también a los «sin voz», a través del reality show. En la divulgación científica o la entrevista a escritores está en juego, además, la articulación positiva entre vida y obra.*

Los personajes que la entrevista pone en escena son inmediatamente reconocibles: la estrella de cualquier magnitud, el escritor, el político, el deportista, el autodidacta, el científico, el filósofo, el profesional, y aun el testigo, el acusado, el héroe por un día, el representante de una voz marginal. El abanico de las ubicaciones ofrece, con la familiaridad de lo acostumbrado, una aproximación a las instancias de decisión y de notoriedad, a la intrincada red del quehacer público, institucional, a la sutil distinción de las profesiones, los trabajos, las derivas.

Esa lectura no se agota sin embargo en la diversidad del vivir. El mapa que podría trazarse en un momento dado, sincrónicamente, daría también una imagen ajustada de los lugares autorizados de enunciación, de cómo se reparte el espacio público y se alternan las voces dominantes, de cómo se definen las especializaciones, en tanto hablaría en términos valorativos de los parámetros de reconocimiento de una sociedad: si hay que ser alguien para acceder a la entrevista, ella es en sí misma un ritual de consagración.

2.1. El ser es el parecer

Es quizá por ello que la visibilidad de sus personajes está en relación casi obligada con el *hacer* (institucional, vocacional, profesional y hasta incidental) aun en aquellos casos en que lo que más cuenta en el entrevistado es el «*ser*» —estirpes, apellidos—. Como una contraseña para hablar de otras cosas (a la manera del título habilitante) o como permiso para hablar de sí mismo (el caso de las *vedettes* de todo tipo), la definición de una competencia particular, identificable en cierta medida con un rol, es el primer paso en la sintonía del encuentro.

Pero esa definición no es solamente una cuestión del orden del «decir» sino que supone además el despliegue de una serie de atributos pertinentes: gestualidad, utilización de un léxico, espacio o instrumental específico. En efecto, ¿qué es una estrella del espectáculo sino alguien que se mueve, se viste, se ríe de cierta manera?, ¿cómo retratar al escritor o al intelectual sin el fondo de su biblioteca, o al deportista sin sus trofeos? Es justamente esta dimensión que la imagen captura y la voz sugiere, la que trata de reponer, como viéramos en el primer capítulo, la descripción del «momento» del encuentro y sus paréntesis sucesivos (Se ríe, Suspira, Enciende un cigarrillo...).

La complejidad de estos aspectos, que atañen a la presentación de la persona en su vida cotidiana y a las relaciones de intercambio en el espacio público, ha sido abordada de manera exhaustiva por el llamado «interaccionismo» (Goffman, 1970, 1983) que considera ciertos aspectos contractuales presentes en toda interacción, así como el carácter textual, dispuesto a la lectura, que tiene el comportamiento de los individuos, y las pertinentes «estructuras correctoras» que le permiten moverse en distinta dirección. Ciertamente, todos conocemos esos mecanismos adaptativos por los cuales logramos mantener una imagen «viable» a los ojos de los otros (porque no se trata de andar por el mundo de cualquier manera), cambiando nuestra vestimenta, léxico, hasta nuestra gestualidad según los contextos y los interlocutores.

Inmersos en una expresividad generalizada, estamos habituados a descifrar los roles por su representación, que en nuestra época es esencialmente massmediática, conformada en imágenes estereotípicas que la televisión alimenta en gran medida y que no solamente traza contornos sino también límites: un ser que conlleva un *deber*. (La televisión no sólo nos muestra cómo es —debe ser— un médico, un político, o un cantante de rock, sino, más aun, ¿a quién de nosotros no nos ha sorprendido encontrar «en la vida» algún personaje idéntico a los creados por ella?)

En la entrevista, la encarnación de un rol suele privilegiar a veces las peripecias del *know-how* (de funcionarios, deportistas, técnicos, etc.) por encima de su identidad personal, e inclusive haciendo abstracción de los «accidentes» biográficos. Por el contrario, otras veces el personaje se sobreimprime a la función o profesión que ejerce, o aparece con independencia de ella (relatos testimoniales, de identidades grupales, de minorías, etc.), pero en todos los casos la diferencia respecto de otros géneros es que el diálogo en presencia delinea un ámbito virtual, donde la irrupción de «lo verdadero» o la revelación inesperada de una esfera de la intimidad puede acontecer en cualquier momento.

Y es quizá esa virtualidad, que no solamente concierne a la típica entrevista centrada explícitamente en el desvelamiento de la vida privada, la que alimenta tanto el interés del receptor como el imaginario del entrevistador: lograr un *retrato* del entrevistado, entrever una verdad en la fugacidad del decir.

2.2. Para conocerte mejor (a ti mismo)

El despliegue del personaje, que puede tener tanto de teatral como de novelesco, incluye el abanico de las profesiones casi sin distinción en cuanto a los procedimientos de puesta en escena, y se apoya, entre otras cosas, en un valor que la modernidad instituyó con innegable privilegio: la experiencia. Desde sus remotos acentos éticos,[17] a la caracterización del peculiar modo de vida de la modernidad como «un cúmulo de experiencias vitales» (Bermann, 1988) los matices no han alterado la idea de po-

---

17. El lugar de la experiencia en la expansión del sujeto constituye una constante de la literatura oral y los cuentos populares, para mencionar sólo algunos de los lejanos antecedentes literarios. El trabajo clásico de V. Propp (1977), al que se sumaron los aportes del estructuralismo, permitió ver estos relatos como series de repetición donde actantes y funciones se articulan en forma complementaria. El eje narrativo común a todos ellos es justamente el devenir del héroe, que, al enfrentar pruebas éticas de gran dificultad, adquiere experiencia y saberes que marcan su tránsito a la adultez.

sitividad. La experiencia como saber-hacer, como sabiduría de vida y conocimiento de sí, como símbolo de autoridad, como apertura a nuevos horizontes.

Estos relatos, mediados por la puesta en escena del yo, la «propia» experiencia, delinean una imagen casi prototípica, confirmatoria de las tendencias imperantes en la sociedad, de ese repliegue sobre lo privado que constituye uno de los rasgos más nítidos de la época: la autorreferencia, el conocimiento de sí mismo convertido en finalidad, las prácticas sociales como lugares sobre todo de afirmación de la identidad personal y de obtención de reconocimiento, el éxito individual como máximo valor.

Si la necesidad de aprobación es quizá un rasgo que todos compartimos, parecería que lo que se expresa socialmente es un desequilibrio al respecto. A pesar de cierto esquematismo, la reflexión de la socióloga húngara Agnes Heller (1984) en torno de los sentimientos, intenta dar cuenta de esto: habría dos modelos, un «ego particularista» y uno «individual», el primero connotado negativamente por la acentuación narcisista y el egoísmo, el segundo como un equilibrio logrado entre el propio interés y el medio circundante.

Ambas tendencias (dominantes o en simultáneo) aparecen corrientemente en la entrevista, y en muchos casos constituyen su objeto: la autorreferencia, el comentario acerca de las propias cualidades, aptitudes, realizaciones, mitigada o no por alusiones a «los otros», y la exaltación de la generosidad, solidaridad, valoración del semejante, que puede transformarse en otra forma de autopublicidad. En uno y otro caso, como en sus innumerables combinaciones, está siempre presente una intención moralizante, aunque no sea percibida como tal por los interlocutores.

Humberto Maturana, entrevistado por Sima Nisis (*Parte del aire*, mayo de 1994)

P: Usted ha hablado de la negación y de la aceptación del otro. Esto me hace pensar en el amor y en las condiciones que deben darse para que se pueda vivir en la biología del amor.

—*(...) El amor es el dominio de las acciones que constituyen al otro como un legítimo otro en convivencia con uno. Uno se encuentra con otro y, o se encuentra en las acciones que lo constituyen como un legítimo otro en la convivencia, o no (...) Así como el vivir humano se da en el conversar, el emocionar le sucede a uno en el fluir del conversar, y esto tiene una consecuencia fundamental: si cambia el conversar, cambia el emocionar, y lo hace siguiendo el curso del emocionar aprendido en la cultura que uno vive y ha vivido.*

Aquí, la autorreferencia emocional ha devenido ya teoría: inducida por un otro, en el fluir de la conversación («¿Qué te está pasando?»), o en el «taller de reflexión», «mirar el propio emocionar» tendría un efecto terapéutico.

Las inclinaciones a la revelación más o menos íntima del yo, que se perciben como modulaciones en esa expansión constante de la subjetividad que caracteriza a la civilización contemporánea, también se expresan en el auge de otros géneros, como la biografía, la autobiografía, los diarios íntimos, la ficción testimonial y nuevas formas de escritura teórica. Esa visibilidad, por momentos excesiva, tiene que ver sin duda con la función reguladora de los sentimientos en el cuerpo social, con la necesidad de explicitación de las categorías valorativas que orientan la conducta.

A pesar de que esas categorías parecerían universales, cada época tiene sus sentimientos predominantes, traducibles en modelos de vida y de comportamiento que los géneros literarios, sobre todo, contribuyen a vehiculizar (Heller, 1984). En tanto hoy esa tarea ha sido asumida de manera preponderante por los géneros massmediáticos, nuestra hipótesis es que la entrevista, con la evidencia ejemplarizadora de los sentimientos (los admirables, los recomendables y los «otros»), es una instancia fuerte de esa modelización.

Así, hacer ver lo que se siente está connotado con los valores de autenticidad, sinceridad, transparencia, y forma parte de esa expectativa utópica que todos alimentamos en la cotidianeidad, de que sería posible descubrir la calidad, la intensidad del sentimiento del otro. Tratándose de las figuras notables, parecería que cuanto más lejos de ellas está el hombre común, más cercanas se le aparecen en tanto son capaces de hablar de su propio «ser común», es decir, de su vida cotidiana y su afectividad.

Paulatinamente, la interioridad emocional, confinada a la esfera de lo privado en la familia burguesa del siglo XIX, ha pasado a formar parte de lo público con derecho propio. Así, aquel viejo sentimiento de vulnerabilidad que derivaba del «ser reconocido en público», en esas calles de la ciudad moderna donde comenzaba a tomar forma la multitud (Sennett, 1978) se ha transformado, para los famosos, en un estereotipo temático («no saben lo desagradable que es ser reconocido en todas partes»).

La insistencia de poner lo vivencial bajo la lupa lleva a veces al entrevistado a responder sobre las aéreas mas íntimas de su vida personal (afectividad, sexualidad, creencias) en una extraña combinación de *voyeurismo* y educación sentimental, un «juego de la verdad» que difícilmente escapa a una impronta moralizante y normativa. Entre la alusión velada y la pregunta a quemarropa, el entrevistador tiene una amplia gama de opciones, puede ubicarse tanto en el lugar del facilitador, del confesor, como en el del orden y hasta de la censura.

La compulsión a decirlo todo, a desnudar cada vez más la intimidad, que se propone como nueva normativa en distintos tipos de discursos, tiene por un lado ese carácter totalitario que señalara R. de Ventós (1987), en tanto imposición de un *ser* (más «natural», más sincero, menos reprimido), por el otro participa de una especie de corrimiento de los límites que involucra también otros aspectos y cuyo escenario privilegiado es sin duda la televisión. Como suele ocurrir con diversos cambios a nivel de la ética o las costumbres, lo que en un primer momento tiene un poder revulsivo, contestatario, se va transformando en gesto vacío, en repetición banal, en acuñación de imágenes de segunda mano que operan como metáforas automatizadas, ya desprovistas de su poder de connotación.

El simulacro hace que la falta de pudor se compense con la ausencia de realidad: ese alejamiento que produce, paradójicamente, el ver las cosas a través de una lente de aumento. Es que el espacio discursivo de los medios es un lugar de neutralización, de aplanamiento, y nada resulta en definitiva tan escandaloso cuando el escándalo mismo parece transformarse paulatinamente en un género, marcado por la fugacidad de la sobreexposición: hay ciertos ingredientes básicos y ciertos procedimientos para llevar una anécdota a ese terreno donde los fuegos de artificio se transforman rápidamente en cenizas.

Si en la puesta en escena de roles y sentimientos el componente biográfico tiene diverso grado de privilegio según el tipo de entrevista, la vida que se nos muestra va más allá de lo anecdótico, para postularse como modelo por cuanto se trata de quienes alcanzaron cierto protagonismo, el éxito o la fama. Entre ellos y nosotros, a pesar de la reconocible diferencia, hay algo en común, y es justamente el mundo de los sentimientos. Así, nos entregarán relatos cercanos a la confesión, marcados por la autovaloración, donde la fabulación suele inscribirse en el marco de apreciaciones universales: vicisitudes, cronología del triunfo, jugadas del azar, predestinación (estar casualmente en el momento y lugar oportunos), etc.

Se pone de manifiesto así el carácter ritual de la autorrepresentación, la naturaleza social de los logros individuales; hay incluso un gesto de ofrenda del uno a los otros, un ceremonial que tiene que ver con la verosimilitud más que con la veracidad. En cierto tipo de entrevista la confesión es un don a cambio de la escena pública, un tributo para *ser querido*, debilidad del héroe de toda época.

2.3. Elogio de la *performance* o las pruebas del héroe

La voluntad de ser amado, la voluntad de ser héroe, es decir, de «tener importancia en el mundo de los otros» sustentan según Bajtín (1982), un tipo heroico, volcado a la heterogeneidad de la vida, su costado aventurero, su intensidad. Pero también hay otro, que se perfila en la cotidianeidad, con virtudes familiares y una «fama personal de honesto y bueno». En el primer tipo quizá prevalece la imagen mítica del héroe surgido del ámbito épico, cuyas virtudes y hazañas atraviesan los géneros: tragedia, saga, cuento popular, novela, folletín. Héroe que al margen de sus numerosas variables anecdóticas podría definirse por su intrepidez, por su capacidad de arriesgar el mundo de lo conocido, afrontar lo otro, lo diferente y encontrar en ese movimiento el sentido de la vida, su grandeza.

Su valor, su espíritu generoso, su tenacidad respecto de los pasos necesarios para lograr sus fines, y la propia idea de finalidad se fueron desdibujando con el correr del tiempo y hacia fines del siglo XIX, entre la multitud de nuevos personajes y la creciente homogeneización de los destinos empezó a perfilarse otra figura, dotada quizá de los mismos atributos pero marcada por una inversión existencial y por el aire viciado de la época: el antihéroe. Uno y otro, mas allá de la desemejanza de sus obras, de la modalidad de su gesto y de su carácter participaban de una índole común, a la vez ética y trágica en tanto se enfrentaban al problema de la acción humana trascendente, que propone o reniega de un sentido suficiente de la vida.

Rescatando esta índole común, F. Savater propone una definición actual del héroe como «proyecto moral» que reúne cinco términos sustanciales: ejemplo, acción, virtud, fuerza y excelencia, señalando la necesidad de no confundir «el carácter social, interpersonal, del proyecto ético y la repercusión *pública* de normas, gestos o valoraciones éticas» (Savater, 1986, págs. 60/61).

Aunque nuestro modesto héroe de la entrevista esté un tanto lejos de una reflexión filosófica sobre la ética contemporánea, estos términos conforman bastante ajustadamente su imagen utópica, aquella que aparece como decantación arquetípica de modelos imperfectos. Más aún, el género mismo parece trabajar justamente en ese umbral entre las convicciones íntimas que guían la conducta personal y su exhibición en la escena pública. Así, es habitual el pasaje de una esfera a otra, la definición de lugares y ubicaciones, la pretensión aleccionadora, la tentación de asumir un «nosotros» de no fácil definición para arribar a lo que sería conveniente para el conjunto.

Si la ética (o su puesta en escena) es un ingrediente reiterado en la entrevista, la figura del héroe se le escapa, o sólo se muestra por parcialidades. Porque el héroe clásico o el moderno, o aun el definido por un proyecto moral no se aviene cómodamente al lugar del interrogatorio, a esa socialidad que tan fácilmente torna al simulacro. Si alguna de sus virtudes aparece «encarnada» en un horizonte biográfico, capaz de resistir la convencionalidad, de oponerse a ella, el recorrido nos depara quizá una sorpresa, un ejercicio estimulante. Es que pese a su poder ejemplificador, a su fuerza como modelo, el héroe tiene un carácter esquivo y la posibilidad de identificación, su función social, se juega en esa grieta, en ese desajuste de lo extraño, lo distante que precisamente por eso puede estar tan próximo, incluso como imagen interior, como fantasía secreta, fuera de los territorios cotidianos.

Aunque respondan de modo imperfecto a los modelos, los personajes de la entrevista desarrollan sus propias estrategias de autorrepresentación en una pugna institucional que en realidad está bastante señalizada.[18] Más o menos conocidos, populares, suscitando diversas formas de identificación y de entusiasmo (esta

---

18. Estas estrategias varían según el soporte mediático. Si bien la televisión y la radio permiten una mayor aproximación al directo, hay múltiples modos de intervención aun en las formas escritas. No solamente se está a merced del entrevistador, de lo que él finalmente escriba, sino también suele darse una tiranía de la corrección, donde el entrevistado controla tanto la «literalidad» de sus palabras como su propia imagen en el texto.

última, una cualidad nada desdeñable) despliegan complementariamente ante nosotros un ser profesional y un ser común.

Si quisiéramos comparar sus atributos con los del héroe contemporáneo de Savater, quizá veríamos que el plano de la acción, primordial en este último, encuentra una relativa equivalencia en la idea de «producción» que suele presidir los intercambios (crear, esforzarse, trabajar intensamente, construir, «llegar a algo»). El hacer viene casi siempre modalizado como un saber-hacer (es justamente esa cualidad la que en general autoriza la palabra), la virtud deviene en virtuosismo, y la perfección remite a productos manifiestos, ya sea una obra o un modo de ejecución. La intrepidez y la valentía parecen reemplazarse por audacia e iniciativa, asociadas a la eficiencia y el rendimiento.

La idea de éxito, que condensa todas las otras significaciones aparece como culminación individual, como corolario de una acertada combinación de un ser y un hacer donde la voluntad cumple un papel predominante. El azar tiene aquí una incidencia variable pero interviene paradójicamente en un proceso explicativo de causalidades y casualidades, una lógica donde los logros que se muestran aparecen simultáneamente como excepción y como productos que cualquiera puede obtener si se lo propone.

En la estetización de la vida a que lleva su despliegue público, el recuerdo, la anécdota, los mitos familiares adquieren un valor que no sólo alcanza a su protagonista sino que nos incluye: «así es la vida». La infancia aparece como un territorio privilegiado, como clave de inteligibilidad donde se acecha el momento en el que surgen las *primeras* manifestaciones de lo que convoca el momento presente. La relación entre la vivencia infantil y la definición profesional es sin duda uno de los *topoi* del género.[19]

---

[19]. La relación explicativa entre infancia y elección profesional preocupa también a la reflexión teórica. Paola Di Cori (1991, 1992) realiza un interesante rastreo entre las principales tendencias históricas contemporáneas, confrontando diferentes vivencias personales al respecto, según se trate de historiadores hombres o de historiadoras que utilizan la categoría de *gender* en la perpectiva de sus investigaciones. Lo que para

Julio Bocca (revista *La Nación*, 1987)

P: Empecemos por el principio: ¿cúando empezaste a interesarte en la danza?

—*Tal vez yo estaba predestinado para la danza, aunque dedicarme a ella surgió de una decisión mía. Bailo desde los 4 años, mi madre era profesora de ballet, daba clases en casa y luego en la Escuela Nacional de Danza. Para mí todo empezó como un juego...*

Maximiliano Guerra (revista *Gente*, set. de 1992)

P: Se puso por primera vez unas zapatillas de baile a los 10 años.

—*De casualidad, un día me quedé para ver una clase de baile de mi hermana, Silvia; me pegó y al otro día volví. (...)*

P: Hay una palabra que Maximiliano rechaza: sacrificio.

—*Cuando uno ama algo de corazón, no es un sacrificio. Lo que tenés que dejar por hacer algo que amás, no tiene que importarte.*

Hay aquí un trabajo de búsqueda de indicios, pequeños trazos, rastros que son recuperados y entran en una red explicativa. Huellas que son propicias para sostener una hipótesis y su contraria, estereotipos, frases hechas, paradigma de la polifonía de la enunciación, el diálogo va de lo particular a lo «universal» sin gran dificultad, legitimando a su paso saberes del sentido co-

---

los primeros (sobre todo la escuela francesa de los Annales) resulta un devenir natural, un nexo armónico entre subjetividad y operación histórica, para las historiadoras feministas constituye una experiencia un tanto traumática, «un viaje en territorio extraño».

mún, del amplio mundo de la divulgación, psicoanalíticos, seudofilosóficos, científicos.

Clarice Lispector, entrevistada por María Esther Gilio (1986, pág. 110)

P: Me pregunto sobre qué escribía una niña de esa edad. ¿Hadas, brujas, piratas?

—*No, no. Eran cuentos sin hadas, sin piratas. Y por eso ninguna revista quería publicarlos. Yo los enviaba, pero no los publicaban. Porque no se referían a hechos sino a sentimientos. Ellos no querían eso, querían historias donde ocurrieran cosas.*

P: ¿Cómo sentimientos? Pensando en la edad que tenía me cuesta imaginarlo. Déme un ejemplo.

—*No, no puedo, no me acuerdo. A los nueve años escribí una pieza de teatro, pero sentí un gran pudor y la escondí.*

Juan Carlos Onetti, entrevistado por M.E. Gilio (1986, pág. 191)

P: Cuénteme un poco de su vida. Infancia, adolescencia.

—*De la niñez puedo hablar muy poco porque fui feliz. Y tuve padres que fueron muy felices. Que se amaron hasta que se murieron. Y cuando mi padre murió, poco después murió mi madre. Porque, pienso, que no pudo o no quiso sobrevivirlo. Entonces, yo como niño no tuve tristezas. Jugaba con los chicos del barrio, iba a la escuela.*

P: Sus problemas empezaron en la adolescencia.

—*¿Qué problemas?*

ENTREVISTADORES/ENTREVISTADOS: EL JUEGO DE LOS PERSONAJES 71

P: Bueno, nadie que lo lea puede pensar: he aquí un hombre sin problemas, lleno de alegría de vivir.

—*Ah, no.*

P: Entonces, en algún momento tiene que haberse producido el cambio.

Si la novela presenta a sus personajes como reales, la entrevista hace vivir a sus sujetos «de carne y hueso» como personajes. Unos y otros tejen su «novela familiar», los datos precarios de una identidad, el retorno a los orígenes.[20] Al asumir aspectos de su vida, los entrevistados repiten inadvertidamente podría decirse, gestos y recorridos ya canonizados por la ficción, que son al mismo tiempo la garantía de credibilidad. Es la prueba de que la marca de los relatos massmediáticos, el modo en que los sentimientos se expresan convencionalmente en ellos parece sobreimprimirse al mundo de la cotidianeidad más que representarlo.[21]

Warren Beatty, entrevistado por Norman Mailer (página 30, feb. de 1992)

P: ¿Quién fue la persona fuerte en tu hogar, tu madre o tu padre? ¿A quién le tenías miedo?

---

20. Tomamos aquí libremente la expresión con que Freud designara esa imagen prístina, «mentirosa» e idealizada de los padres y del propio lugar respecto de ellos, que actúa como una ficción elemental en el niño y se hace luego inconciente para el adulto. Sobre la relación de esta noción con el género de la novela, ver ROBERT, MARTHE, 1973, *Novela de los orígenes y orígenes de la novela*. Una reflexión en torno del valor de ciertos relatos fundantes y ficcionales, que operan a la manera de la novela familiar en el plano social/histórico, en la memoria colectiva, puede encontrarse en ROBIN, REGINE, 1989, *Le roman mémoriel*.

21. El fenómeno de que los modos narrativos propios de la ficción se impongan como forma verosímil de la autobiografía, historia de vida y otros relatos testimoniales es también señalado por LEJEUNE, 1980.

—No recuerdo haberle tenido miedo a mi madre, pero estoy seguro de haberle tenido miedo a mi padre. Eso tiene que haber sido muy al principio, porque mi padre era un señor. Pero sí, mi madre me adoraba. Si yo le decía a mi madre que el jueves tenía que mudar la ciudad de Cleveland a algún lugar de las Antillas, ella estaría muy impresionada, luego sorprendida y por fin esperaría que yo no tuviera que trabajar mucho.

—Aunque mi madre tenía una presencia muy dominante y una enorme energía para trabajar y era muy cariñosa y de fuertes opiniones (...), ella no dominaba a mi padre. Ella ganaba nueve de diez discusiones, pero él esperaba y ganaba la más grande. (...)

—En mi caso, bueno, yo sentía que mi padre era muy filosófico, profundamente filosófico en relación al fracaso. Y yo me sentí menos presionado y le estoy muy agradecido por ello.

Una diferencia quizá destacable es que los personajes de la novela son libres de infracción, mientras que hay límites que generalmente la entrevista no traspone, a menos que ésa sea justamente su apuesta explícita (ejercicios de humor o desenfado, incursiones en el mundo de la *drug-culture*, palabras de dimensión testimonial, ritos de la marginalidad, etc.). Fuera de esos circuitos, y aun cuando se proponga inquirir sobre la vida íntima, la escena de la entrevista difícilmente será la del exceso o la transgresión, ni siquiera la del juego de las pasiones.

Oscilando en ese terreno un tanto paradójico de hablar de sí pero sin decir mucho, aludir sin revelar, los *partenaires* ofrecen sin embargo un espectáculo cuyo interés no se agota en las previsibles repeticiones (¿cómo no tentarse con la lectura o atisbar, aun en el filo del *zapping*, una entrevista que se interna en la privacidad o tropieza con ella?). Curiosidad, *voyeurismo*, identificación, sin duda los sentimientos que nos involucran operan fuertemente en las formas de la recepción.

2.4. Escenografías

La escena de la entrevista no está desierta, no se limita al lugar del encuentro (unos asientos, una mesa), sino poblada de símbolos, elegida como la escenografía del teatro o la ópera, no meramente el fondo donde se mueven las figuras sino el ámbito que las semantiza, les da cuerpo y sentido. Ámbito y objetos llegan a través de la cámara, la foto o la descripción verbal, los encuadres son cuidadosamente estudiados en términos de su poder de representación: rincones, bibliotecas, ventanas, todo puede adoptar una expresividad respecto del sujeto, *decir algo de él*.

Las bibliotecas «trepando» detrás del escritor, del político o de otros especialistas son escenografías ya clásicas. Las ventanas connotan quizá ese asomarse (a la vida, al público, a «los demás») que también podría ser una definición de la propia entrevista. Los cuadros, muebles y adornos hablan de la estética, del gusto y el estatus. La vivienda opera como un espacio significante que no sólo remite al imaginario de la vida cotidiana del entrevistado sino que también alude a los propios límites de la interacción: hasta dónde el interior se abre a la mirada de los otros, cuál es el umbral permitido a la intrusión.

Cuando este umbral llega a «lo más interior», el dormitorio, parece realizarse un salto histórico, desde el sentimiento burgués del siglo XIX, que escamoteaba su vista a los extraños (vivencia que todavía compartimos en cierta medida), hacia el uso que de él hacían los reyes en el Antiguo Régimen (el «trono del sueño») cuando podía funcionar, además de las intrigas de alcoba, como salón de audiencias, de atención de agentes secretos, de visitas, hasta de recepciones. Si el siglo XVIII vio la moda de la anfitriona de la nobleza que recibía en la cama o vestida con una *négligé*, la entrevista nos ofrece, democráticamente, la posibilidad de acceder al cuarto de baño o al dormitorio de la estrella y hasta de abrir sus armarios, verdaderos depósitos de maravillas.

Pero si a los miembros de la farándula les está permitido este desliz, los políticos están circunscritos en general a los espacios ceremoniales de la vivienda (aunque últimamente la tendencia a la igualación entre política y espectáculo vaya *in crescendo*). En compensación, disponen no solamente de una variedad de otros escenarios donde «ser vistos» e interrogados (la calle, barrios humildes, actos, instituciones de toda índole), sino sobre todo los correspondientes a las investiduras: banderas, mármoles, escritorios, sillones, mesas de reunión, retratos de próceres (ideales para acompañar, bajo la cámara, el propio retrato). Lugares emblemáticos de encarnación del poder, símbolos de su dispersión, conforman un discurso simultáneo que habla de adecuación, de legitimidad, de excelencia.

A veces es justamente el escenario el que hace al personaje, lo habilita a tener una voz protagónica aun cuando sea por una sola vez: la ciudad, por ejemplo, conglomerado de identidades que se ofrece a la mirada del reportero con el misterio de lugares, contraseñas y prácticas. Así, las voces del hombre común, en intervenciones puntuales, pueden sostener el relato en una dimensión testimonial y ejemplificadora, confirmando ciertos dichos, aportando datos de la memoria.

2.5. Entrevistas de divulgación: el científico en proximidad

En una época signada por la divulgación, por la ampliación de los consumos culturales y la diversificación de los públicos (diferencias de edad, grupales, de nivel escolar, socioeconómicos, etc.) suelen darse fenómenos de popularidad de figuras cuyo ámbito de recepción habitual es bastante restringido: directores de orquesta, bailarines, artistas plásticos, escritores, científicos. La influencia de ciertos discursos capturados en efímeros encuentros, el modo en que las palabras en «directo» inciden en la formación del gusto, en los nuevos valores asignados a prácticas tradicionales, así como en el acercamiento al gran público de complejos paradigmas científicos, corren paralelos a la difusión misma de las obras y dejan su impronta en la recepción.

Es aquí donde aparece otra apuesta fuerte del género, ligada fundamentalmente a la función de la divulgación científica y artística y cuyo espacio privilegiado es sin duda la televisión. Existirían por lo menos dos registros en esta exhibición que «produce» al autor (tomando esta última palabra en sentido amplio) bajo los reflectores a la manera de una estrella y lo lleva a intervenir en programas informativos, de interés general, de animación. Uno, que tiene que ver fundamentalmente con su «corporización», con la identificación de una imagen vendedora que aproxima el producto y su comercialización (libro, filme, concierto, exposición), otro, que sin estar desligado, se juega en la transmisión de conocimientos y de hábitos estéticos, en la disputa por el espacio público de diversas corrientes de pensamiento, escuelas científicas o artísticas.

La entrevista de divulgación propiamente dicha, la que privilegia el registro del *saber*, realiza aproximaciones sesgadas y a menudo interesantes a problemáticas de alta complejidad, permitiendo una confrontación de paradigmas que quizá sería difícil llevar al público no especializado. La amplitud de temas y de voces es tal, que un registro pormenorizado permitiría leer, transversalmente, las líneas de pensamiento de una sociedad, las problemáticas y conflictos, los criterios estéticos imperantes, la gran novela de los descubrimientos científicos.[22]

En la variedad de sus ocurrencias y de sus soportes (prensa, radio, televisión, libros constituidos parcial o totalmente por ellas), realizada por periodistas o por colegas (en muchos casos, como otra modalidad del discurso académico), la entrevista cons-

---

22. Una iniciativa en este sentido fue realizada por *Le Monde*, con la compilación en libro de las entrevistas de divulgación realizadas por el diario a los principales exponentes de distintos campos y publicadas en su momento. Para la edición fueron agrupadas en cinco tomos: I Philosophies, II Littératures, III Idées contemporaines, VI Civilisations, V L'individu, VII La société. *Le Monde*, 1985.

tituye actualmente uno de los lugares confirmatorios de una identidad profesional. En efecto, la importancia creciente que asume la aparición en los medios para la configuración de posiciones de prestigio en el campo académico e intelectual, su relación con políticas editoriales y de difusión, no sólo supone un cambio en cuanto a los propios criterios de valoración académica sino que replantea asimismo la vieja cuestión de la figura del intelectual, su papel y su intervención en la sociedad contemporánea (Bourdieu, 1984).

En el auge de esta forma dialógica de transmisión del conocimiento no sólo incide el hecho de ofrecer un acceso *personalizado* a problemas e interrogantes, sino también cierto clima de época, signado por la rapidez, la velocidad, la levedad,[23] una inmediatez del contacto que tiene que ver con la creciente aceleración de los discursos y la ampliación de los públicos operada por la comunicación vía satélite.

Si la fluidez de artículos, revistas, ensayos breves, dan hoy la tónica de la movilidad (y hasta fugacidad) del pensamiento en el ámbito de la producción intelectual y científica, la entrevista ocupa un espacio paradigmático, en tanto puede operar saltos, fragmentaciones, síntesis, una direccionalidad de respuestas, una «velocidad» inherente a su propia dinámica interactiva. Sin embargo, no puede dejar de señalarse el riesgo de vulgarización, de pérdida, de reducción de la complejidad a límites inaceptables. No es seguramente el ir y venir de la palabra lo que entraña estos efectos indeseados, sino quizá ciertos usos (las más de las veces desde el lado de la interrogación) los que apuestan a una excesiva simplificación.

---

23. Italo CALVINO (1989), en sus *Seis propuestas para el próximo milenio*, retenía los rasgos de 'rapidez' y 'levedad' en una sutil trama literaria, como valores de nuestro tiempo susceptibles de perdurar.

Fernando Savater (revista *First*, marzo de 1992)

P: En su último libro, *Ética para Amador*, usted dice: «Nadie puede ser libre en mi lugar». ¿Cómo se relacionan la libertad y la ética?

—Yo creo que la libertad es la base de todo planteamiento ético. Así como la libertad en el plano político es una conquista, la libertad en el plano moral es un presupuesto y sólo a partir de ella se puede empezar a hacer cosas. Muchos conciben a la ética como la ciencia que estudia la forma de apresar al individuo bajo una pila de normas (risas) cuando, por el contrario, debería ser definida como el arte del buen vivir.

P: ¿Y para qué vivimos?

—¡Hombre! No existe un para qué. No se viene a vivir como se viene al cine, sacando entrada y pidiendo permiso. Uno se encuentra viviendo y entonces, en principio, la vida se basta a sí misma. En realidad, uno lo que trata es hacerla lo mejor posible.

Entre periodístico y científico, en umbrales más o menos discernibles, este tipo de discurso despliega una serie de modalidades pragmáticas (aseverativas, persuasivas, admonitorias) que trabajan sobre competencias ya adquiridas en el plano de la recepción. Más allá de la presentación de «lo nuevo», del acercamiento a las *vedettes* del momento, de ciertos rituales de recordación o actualización, existiría un valor otorgado a la palabra, al *decir*, que en ciertos casos asume hasta un carácter reverencial, un suplemento de sentido que la escritura o la imagen tratan de atrapar en esa efímera temporalidad de la enunciación a la manera de la inscripción etnográfica.[24]

24. Si bien esta valoración se acentúa en el ámbito al que aludimos, otro tipo de personajes puede despertar igual interés. Sobre ese «algo más» que intenta fijar la inscripción etnográfica, remitimos a palabras de Paul Ricoeur citadas por Clifford Geertz: «No el hecho de hablar, sino lo 'dicho' en el hablar, y entendemos por 'lo dicho' esa exteriorización intencional constitutiva de la finalidad del discurso gracias a la cual

2.6. Voces sobre la escritura

El reportaje a escritores resulta en este aspecto emblemático. ¿Qué es lo que se busca con tanta insistencia en esa palabra adicional que se le pide a quien trabaja con palabras? El clásico concepto foucaultiano de autoría señala una dirección posible: «se pide que revele o al menos que manifieste ante él el sentido oculto que lo recorre, se le pide que lo articule con su vida personal y con sus experiencias vividas, con la historia real que lo vio nacer» (Foucault, 1980, pág. 24).

Toni Morrison, (*Clarín*, 2/10/1993)

P: ¿Es ese compromiso con la realidad el que ha hecho que en sus dos últimas novelas, *Beloved* y *Jazz*, usted parta precisamente de hechos reales?

—*En principio, la historia no me interesaba, y menos aún la época de la esclavitud. Lo que me interesaba eran los diferentes tipos de amor que pueden experimentarse: la relación entre madre e hija o entre marido y mujer, por ejemplo. En Beloved busqué una situación en la que toda la identidad de la mujer se definía a través de sus hijos. Y el medio más teatral para situar la acción era el período de la esclavitud, cuando la mujer no tenía poder alguno sobre sus hijos ni sobre su destino. Jazz es una historia de amor romántico (...) En esta novela utilicé una anécdota que contaba un fotógrafo de Harlem: una muchacha, mortalmente herida por su amante celoso, renunció a pedir ayuda para darle tiempo a huir. ¿Quién podría resistir la tentación de inspirarse en una historia tan romántica, en el sentido más inocente y bello del término?*

Si esta función de autor resulta tranquilizadora en tanto introduce un orden y una responsabilidad, sobre todo en el terreno

---

el *sagen* —el decir— tiende a convertirse en *Aussage*, en enunciación, en lo enunciado. (...) Se trata de la significación del evento del habla, no del hecho como hecho». (GEERTZ, 1987, pag. 31).

resbaladizo de la ficción, desde otra perspectiva, Roland Barthes define la lógica de la entrevista «...de un modo algo impertinente, como un juego social que no podemos eludir, o para decirlo de manera más seria, de una solidaridad del trabajo intelectual entre los escritores por una parte y los medios de comunicación por la otra. Si se publica —agrega—, hay que aceptar lo que la sociedad le solicita a los libros y lo que se hable de ellos» (Barthes, 1983, pág. 27).

Así, aunque no sea posible agregar nada a lo escrito en esa especie de postdata que se pretende obtener, «de ese habla que inútilmente redobla la escritura», las declaraciones del autor se integran a su obra con la misma importancia que sus borradores, sus notas o sus cartas, ofreciendo no sólo un marco virtual de interpretación, sino además un documento en cuanto al registro históricamente determinado de la recepción. «Lo que se hable (de los libros)», no es otra cosa que la huella de su apropiación, las preguntas a que son sometidos expresan y simultáneamente prefiguran recorridos posibles de la lectura. Desde el lado del entrevistador se ejerce en ocasiones un juego erudito que es casi equivalente al discurso crítico, con hipótesis y reflexiones que sugieren nuevos puntos de vista.

En esa función de autor, en la necesidad de poner en palabras el fenómeno de la inspiración, de relacionar los hechos de la vida personal con la escritura, parecería estar también involucrada la búsqueda de una *voz*, de una inflexión particular que modulara ese saber reconocido sobre la vida que el escritor podría trasmitir más allá de sus ficciones, en la cercanía y la lógica de la cotidianeidad. Pero hay también una recuperación de la memoria, que el entrevistador, cercano a veces al *alter ego*, ayuda a focalizar.

Jorge Luis Borges, entrevistado por Jean de Milleret (1971)

JLB: Hay allí una historia que titulo «La intrusa». Se trata un poco del mismo mundo del de «La esquina rosada», el de los hombres malos, como dicen ustedes, pero menos engañoso, más verda-

dero. *La anécdota es diferente, pero el ambiente es el mismo; sin embargo es mucho más verdadero, más triste y más simple.*

P: Efectivamente, en «La esquina rosada» aparece aquello que se llama efectismo, una búsqueda del efecto.

JLB: Sí, es como en el ballet del que le hablaba, donde quería hacer algo muy visual, extravagante. Pero en «La intrusa» narro una historia un poco a la manera del primer Kipling, o de Maupassant, digamos.

P: Finalmente, a la última parte le dio el título de «La gloria y la noche». Quizá aparezca como algo un poco preciosista, pero creo que es exacto. En mi opinión, 1938 es ya una fecha capital en su vida; acaba de morir su padre y para Navidad, una herida accidental en la cabeza lo pone a las puertas de la muerte. Usted me habló a menudo de la especie de desesperación íntima que lo carcomía entonces, porque temía no poder escribir.

JLB: Sí, tenía miedo, si hubiese tratado de escribir una crónica o un artículo de tipo literario, (...) entonces decidí intentar otra cosa: una novela corta o un cuento porque en caso de desgracia, mi decepción hubiera sido menor.

Este breve recorrido no podría obviar, a riesgo de injusticia, a ese otro personaje que uno estaría tentado de incluir en múltiples tipologías, el entrevistador. Asumiendo el espacio, socialmente reconocido, del interrogador, teniendo que responder a todas las exigencias de la «formulación», su desempeño suele actuar como un revelador de las relaciones de poder, pudiendo inclusive infringir la «ley» de la complementariedad para ubicarse en un plano igualitario donde quizá interesa más la propia pregunta (u opinión) que la respuesta. Aquí también se juega con la complejidad de la voz, esa difícil cuestión de la autoría. ¿En nombre de quién se habla, de quiénes se asume la representación, ese gesto de «preguntar lo que otro (el receptor) le preguntaría, si pudiera»?

Oscilando entre lo personal y lo profesional, entre lo que el medio quiere de él y su propio investimiento afectivo en la escena, entre los límites de una «buena» interacción y el desborde, su empresa socrática tiene la responsabilidad (y la dificultad) de tratar de encontrar una verdad que pugna por escapar o que quizá se resiste a la palabra, y sólo se juega en un gesto, en un descuido, en el estar frente a ese otro, ante todo un rostro significante.

Emmanuel Lévinas, *Diálogos con Philippe Nemo* (1982, págs. 80/82)

E.L.: El rostro es significación, y significación sin contexto. Quiero decir que el otro, en la rectitud de su rostro, no es un personaje en un contexto. De ordinario, uno es un «personaje»: uno es profesor en la Sorbona, vicepresidente del Consejo de Estado, hijo de Fulano, todo lo que es en el pasaporte, la manera de vestirse, de presentarse. Y toda significación, en el sentido habitual del término, es relativa a tal contexto: el sentido de algo se sostiene por su relación a otra cosa. Aquí, por el contrario, el rostro es sentido en sí mismo. Tú eres tú. (...)

P: El otro es rostro; pero el otro, igualmente, me habla y yo le hablo. ¿Es que el discurso humano no es también una manera de romper lo que usted llama «totalidad»?

E.L.: Ciertamente. Rostro y discurso están ligados. El rostro habla. Habla, en cuanto es él quien hace posible y comienza todo discurso. He rechazado en su momento la noción de visión para describir la relación auténtica con el otro: es el discurso, y, más exactamente, la respuesta o la responsabilidad, lo que constituye esta relación auténtica.

La ilusión del conocimiento, de dar un paso más en el saber respecto del otro, la pretensión de lograr un «retrato cabal» del entrevistado o conseguir su memoria, de guardar huella de lo que transcurre como «devenires que actúan en silencio, que casi son imperceptibles» (Deleuze/Parnet) sostienen el imaginario «trascendente» del entrevistador, donde se juegan tanto la autenticidad como la confianza.

2.7. *Reality shows* o la vida sin fronteras

Entre los personajes canónicos de la entrevista, aquellos que pertenecen a las esferas de notoriedad, es posible encontrar, quizá en menor medida y de modo cualitativamente diferente, al hombre común. Testigo de hechos de importancia, desde conflictos sociales a catástrofes, portavoz de grupos, sectores, minorías, héroe accidental, víctima, las categorías que pueden llevarlo a asumir una voz en el espacio público son múltiples y su protagonismo inseguro, pero es tal nuestro entrenamiento en la percepción de este registro, que nos permite incorporarlo sin dificultades al universo de lo familiar.

De lo testimonial a lo antropológico, la intervención de este tipo de personajes no se asemeja por lo general a la de las *vedettes*: los temas, las preguntas, los léxicos difieren, y la intencionalidad se dirige hacia algo que está más allá de él mismo. Por otra parte, tampoco el entrevistador apela a las mismas estrategias, sino que puede permitirse una acentuación de la desigualdad, por los modos de dirigirse al otro o por intervenciones moralizantes o aleccionadoras que serían impensables en otros contextos. Esta aparición del prójimo en los medios, de larga tradición y diverso propósito, ha sufrido en los últimos tiempos una profunda transformación. Del viejo adagio que prometía «la realidad por boca de sus protagonistas» al *reality show* hay todo un espacio de nuevas significaciones que vale la pena investigar.

Ni mostración de un «real» en el modo de la información, ni relato testimonial, ni historia de vida, ni ficción biográfica, el *reality show* no sólo parece definirse por la negativa sino también por el exceso: un paso más allá de lo privado, más allá de lo íntimo, más allá de la representación. Si la escalada de la subjetividad alcanza a todos los relatos massmediáticos, aquí llega hasta la disolución de los límites del relato mismo: el protagonista «en la vida» es el que es llamado a actuar en su propia historia bajo la cámara.

Esta subversión de un orden no es sin embargo extemporánea. Hace ya tiempo que, brusca o sutilmente, la lógica de los medios ha contribuido a la alteración de los límites entre público y privado, entre relato factual y ficcional, entre política y espectáculo. Coincidiendo con la crisis de la idea de centralidad y la pérdida de certezas, con esa penuria del espacio público tan teorizada desde diversas perspectivas, se han acentuado las tendencias hacia lo particular, lo anecdótico, lo individual. La compulsión biográfica, centrada sobre todo en la revelación de la vida privada (uno de cuyos mejores instrumentos es, como vimos, la entrevista íntima), alcanza ya no sólo a las estrellas, los políticos, los científicos, sino también al hombre común, y más allá de todo interés documental.

Paralelamente, cuanto más evidente se hace la lógica de la mediatización, del simulacro, cuanto más se aleja el horizonte del acontecimiento, más se radicaliza la pretensión de autenticidad, de alcanzar un real sin límites que nos lleve a ver la vida misma (y aun la muerte) transcurrir bajo los ojos.

Es en la intersección entre subjetividad e hiperrealismo donde el *reality show* encuentra su lugar. Si la trama narrativa de la ficción es indisociable del conocimiento del mundo y de los otros, la cuota vivencial que aportan los géneros autobiográficos consagrados ya no parece ser suficiente. En el paso que va de la *narración* de la propia vida a su *actuación en la pantalla* se hipotetiza la desaparición de toda mediación en aras del acontecimiento en estado «puro». Al reconstruir la peripecia vivida con sus propios protagonistas, la TV real nos coloca en el centro de lo particular de un modo aún más radical que la cámara secreta: aquí ya no se trata de asombrarnos ante lo imprevisto o de divertirnos ante el absurdo ingenuo de lo cotidiano, sino de entrar en un juego público e inquietante, donde ronda sin duda la imagen del par exhibicionista/*voyeur*.

Esta estrategia de veridicción adopta múltiples modalidades: reconstrucción de los hechos «tal como sucedieron» con sus protagonistas o con actores, narración ficcional pero con nombres y sucesos reales, presentación del propio caso en entrevistas ante cámaras o micrófono, combinación entre testimonio y *sketch*, entre dramatización e imágenes documentales, etc. La diversidad de los temas y personajes tiene sin embargo denominadores comunes: se trata siempre de situaciones límite, desavenencias familiares o vecinales, crisis, accidentes, crímenes, cuyos protagonistas, el hombre o la mujer común, transitan la franja incierta entre «normalidad» y exclusión.

Si en algún momento el imaginario de la televisión era el de «una ventana abierta al mundo», su ojo se centra aquí en la interioridad del individuo, atisbando sus mínimas reacciones emocionales, sus rictus y sus lágrimas, sus iras y acusaciones. En este sentido participa de otro fenómeno: el sensacionalismo de lo cotidiano como soporte de la información, la creciente primacía del conflicto local y de la crónica policial.

Pero esta insistencia en las vidas privadas va más allá de una mostración ejemplarizadora, incluso más allá de las exigencias del *rating* en una época en que el *zapping* se ha hecho ya constitutivo de la relación con el medio. La apuesta de la TV real es también la de una cultura terapéutica, la de una pragmática de las relaciones sociales, la de un modelo de comunicación (qué bueno es hacer públicos los problemas, y que el medio, o la gente, o quizá tal empresa, puedan ayudar a una solución).

En efecto, sería en vano el desfile de las desventuras (familias quebradas, accidentes o crímenes que interrumpen el curso plácido de la vida, fragmentaciones de la identidad, extrema pobreza), si no fuera posible una inversión existencial, una restitución del orden, una compensación inmediata, a la vista, por los sufrimientos o las privaciones. En la obtención de un empleo para el desocupado, de dinero para una operación, en el retorno del hijo al hogar, el consuelo por la solidaridad, el enjuiciamiento del criminal, no sólo culmina positivamente la catarsis mediática en el *happy end* sino que se juega de un modo decisivo la cuestión del poder de la televisión.

El salto cualitativo del *reality show* adquiere así una dimensión trascendente: según hipótesis, la televisión puede renunciar a la ficción, porque ha encontrado el modo de actuar directamente sobre lo real cambiando el estatus mismo de ese «real» (Leblanc, 1993). Como el personaje de Woody Allen, ha saltado la valla.

Si estamos de acuerdo con esta lectura, la TV real no configura solamente un nuevo género por la exacerbación de otros ya existentes (el melodrama, la entrevista, el testimonio, el noticiario) sino que opera una profunda transformación en la dinámica interactiva del medio, incidiendo en el espacio político y sociocultural. Porque justamente, no se trata sólo de un tipo de acontecimiento sino sobre todo de relaciones: entre ficción y testimonio, entre individuo y sociedad, entre el medio y el público, entre el protagonista y cualquiera de nosotros.

Como suele ocurrir con el debate en torno de los medios, signado por la oposición binaria, la TV real ha despertado viejos y nuevos antagonismos. Desde la crítica se denuncia su *voyeurismo*, la intrusión obscena en los límites de lo privado y del pudor, su populismo, la apoteosis de la banalidad (Amiel, 1993). Desde la exaltación celebratoria, se trataría de un nuevo escenario de participación para el hombre común —difuminados ya los límites de una confusa ciudadanía—, la ocupación de un espacio dejado vacante por el desfallecimiento del estado de bienestar, una compensación por la pérdida del espacio público político, la confianza en nuevas posibilidades de acción.

La apertura del espacio televisivo al hombre común es sin duda una tendencia de los tiempos, que señalaría fulgores alternativos a los brillos del *star system* en pleno apogeo. Más que un real interés de los medios en la peripecia de lo cotidiano, ella expresaría un agotamiento del modelo estelar, un desplazamiento identificatorio del público hacia la cercanía de un otro que «podría ser yo». Tal desplazamiento, y no sólo el sensacionalismo, explicaría, entre otras cosas, el considerable éxito de audiencia de los *reality shows* en varios países.

Estos nuevos ejercicios de la TV real se complementan con una fuerte ficcionalización de los noticiarios, hasta el punto que a veces es difícil identificar a primera vista el género de que se trata. La entrevista breve (y a menudo efectista) al testigo de los hechos, la víctima, los vecinos o agremiados que se movilizan por convocatorias o protestas, es ya tan habitual como a políticos y funcionarios. La calle se ha transformado en un verdadero espacio televisivo, de tal modo que lo que no vemos en la pantalla parece no haber existido.

De la calle en imágenes como lugar de la acción, a los estudios como lugar de reflexión, la televisión (convocando a veces a los mismos personajes en uno y otro lugar) se propone como el espacio público por excelencia y más aún, como alternativa para el ejercicio de una democracia directa, efecto incrementado por los sondeos que acompañan cada tratamiento de temas (Champagne, 1987, 1990).

La típica función del público en estudios o en conexión telefónica, tan cara a la televisión (mostrar el «directo» de sus propios receptores) tanto en los programas de interés general como de entretenimientos, también se ha ido deslizando cada vez más hacia la vida privada. Así, en aleación con la cultura terapéutica, tenemos programas de micrófono abierto que reviven el viejo correo sentimental, con respuestas de psicología casera, y también invitados del montón que se atreven a contarnos en pantalla sus experiencias sexuales.

De la movilización callejera al hecho policial, del *reality show* al juego de la desinhibición, la televisión parece no dar tregua a la demanda de autenticidad. Quizá no esté lejos esa utopía de que la vida transcurra en el rectángulo mágico, lugar de realización de todas las fantasías, donde cada uno de nosotros se sienta incluido, y no sólo de este otro lado de las imágenes.

Capítulo 3

LA ENTREVISTA, UNA NARRATIVA

La entrevista es una narrativa, es decir, un relato de historias diversas que refuerzan un orden de la vida, del pensamiento, de las posiciones sociales, las pertenencias y pertinencias. En ese sentido, legitima posiciones de autoridad, diseña identidades, desarrolla temáticas, nos alecciona tanto sobre la actualidad de lo que ocurre, los descubrimientos de la ciencia o la vida, a secas. Fragmentaria, como toda conversación, centrada en el detalle, la anécdota, la fluctuación de la memoria, la entrevista nos acerca a la vida de los otros, sus creencias, su filosofía personal, sus sentimientos, sus miedos. La infancia es un territorio privilegiado, donde se encuentran las claves del presente, el éxito, la notoriedad, la excelencia, que hacen del entrevistado un personaje. Un antecedente directo de las actuales modalidades de entrevista fue el Nuevo Periodismo americano de los años 60, un periodismo subjetivo, marcado por los procedimientos de la novela.

Una primera imagen de las historias que narra la entrevista puede asociarse a la fragmentación, a la incompletud, a esa amenaza de interrupción súbita que está siempre latente en el diálogo. Azarosa como toda conversación, susceptible de caer en punto muerto, la entrevista se enfrenta además, como producto ya concluido, a la tiranía del espacio en los medios gráficos (que a veces nos deja en suspenso con un final precipitado) y del tiempo radial o televisivo (el eterno «lamentablemente tenemos que irnos»).[25] Su conclusión es por lo tanto relativa, aunque la última frase sea un cierre feliz, y siempre queda abierta a la promesa, aun implícita, de intercambios futuros. Así, con frecuencia volvemos a encontrarnos con ciertos entrevistados en el mismo o en otros medios, en otros textos, frente a otras (o similares) preguntas.

Estas historias breves, acotadas, tienen otra temporalidad en el libro de «Conversaciones», un texto habitualmente construido en encuentros sin límites prefijados, que traza un recorrido más abarcador en la disponibilidad de sus páginas. En las «Conversaciones» suele haber una mayor aproximación a esos géneros literarios donde la vida se expande en una narración que es al mismo tiempo búsqueda de sentido (la novela, la biografía, la autobiografía, las memorias, el diario íntimo, etc.), y el propio discurrir del diálogo permite ficcionalizar momentos culminantes y, por supuesto, un desenlace.

---

25. Una experiencia que contrariaba esta velocidad del tiempo televisivo fue la del programa «El perro verde» de Jesús Quintero (que se transmitiera en Argentina durante los meses de junio y julio de 1989), donde en un decorado teatral, que sólo iluminaba a los interlocutores, el entrevistador, con preguntas muy abiertas, dejaba a su entrevistado sin ninguna premura para la respuesta, acrecentando así el efecto dramático de este cambio de «timing».

Por el contrario, el producto más efímero es quizá cierto tipo de entrevista en los medios audiovisuales, donde las *vedettes* se suceden (y se eclipsan) sin interrupción o son convocadas en simultáneo, desdibujándose así las líneas individuales. También el *flash* del noticiario puede ser frustrante en tanto el personaje queda siempre «con la palabra en la boca» o, para nuestra decepción, elude toda respuesta significativa.

Esta aceleración, que es ya un rasgo de lo contemporáneo (el tableteo de los noticiarios, las maratones televisivas, la condensación de cada segundo a su máxima expresividad),[26] la discontinuidad, el ritmo del *clip*, producen sin embargo la continuidad de un flujo espacio-temporal donde nuestra atención flotante nos permite unir de manera inconsciente las imágenes dispersas. Así, a semejanza de un puzzle, los retazos de entrevistas que percibimos, en el desorden de sus apariciones, van componiendo un personaje, una narración, una historia abierta a sucesivas actualizaciones.

3.1. La «verdad» entre el fragmento y el detalle

Esta historia no es solamente la del entrevistado sino que es también una «historia conversacional» (Golopentia-Eretescu, 1985). Esta expresión alude a la trama que sostiene a través del tiempo los intercambios periódicos entre padres e hijos, entre amigos, terapéuticos, en el seno de instituciones, e incluso en el espacio público (interinstitucional, coloquios, asambleas, parlamentos, etc.), donde a partir de ciertos supuestos, se retoman temas, argumentos, se definen posiciones de reconocimiento recíproco. La entrevista desarrolla varias líneas simultáneas de «historia conversacional»: una, pública, de las apariciones de un personaje en el mismo o en diversos medios (es muy común la

---

26. Hace ya varios años que en el Festival Internacional de Cine de Animación de Avoriaz se instituyó un premio al «Minuto más intenso».

referencia a lo dicho en otro lugar), otra, semiprivada, de los encuentros con el mismo entrevistador, y una tercera que seguramente nos incluye en tanto involucra nuestro propio reconocimiento, nuestra memoria y valoración.

Sin embargo, y quizá paradójicamente, la entrevista no sólo contribuye a dejar huellas sino también a borrarlas: la aceleración caracteriza el ascenso y ocaso de las figuras en el espacio público, a veces por intermedio del mismo ritual. Las solicitaciones múltiples son tanto un signo de éxito como un modo de preservarlo, y toda interrupción notoria en una «historia conversacional» requiere de una especie de rehabilitación al volver a *«ser preguntado»*. Esta dinámica, que concierne sobre todo a los ídolos, estrellas y políticos (aunque no excluye del todo a científicos e intelectuales), suele oscilar, de modo un tanto extremista, entre la borradura y la saturación.

Volviendo a la idea de fragmentación, podríamos retener en relación con la entrevista por lo menos dos acepciones: el fragmento como parte de una obra donde lo esencial se ha perdido o no ha sido compuesto, o bien, como parte extraída de una obra o un texto cualquiera.

La primera tiene una connotación arqueológica, no sólo respecto de algo perdido, sino también de lo que puede reconstruirse a partir de ello: el fragmento como índice. La segunda evoca la citación, el entrecomillado, la transposición de una palabra a otra. Ambos sentidos están presentes en el género que nos ocupa: por un lado, la reconstrucción de un retrato vivencial o de una historia que es la propia vida (nunca del todo compuesta), a partir de algunas pinceladas (un índice que muestra-señala una totalidad imaginaria de la «persona»). Por el otro, es la parte rescatada de algo perdido (los diálogos, gestos, textos, que han quedado fuera de la transcripción o la emisión) y también una palabra citada, «literal», aunque esté ya en un contexto ajeno al de su enunciación.

Según cierta reflexión estética (Calabrese, 1989), en el horizonte contemporáneo se combinan el fragmento y el *detalle*, este último[27] como rasgo significante, estrategia de miniaturización y cambio de escala (frente a la generalidad, lo macro), de tal modo que uno y otro dan lugar a dos tipos de prácticas, respectivamente, la del «asesino» y la del «detective».

En tanto los usos discursivos de los medios recurren tanto a la fragmentación como a la búsqueda detallista, en la entrevista ambas actúan complementariamente: los fragmentos (de vida, de diálogo, de acontecimientos) se nutren de detalles (microhistorias, anécdotas, focalizaciones).

Del orden del detalle son ciertas preguntas que buscan confirmación (fechas, hechos, modos), o aclaración (cómo algo sucedió realmente), o actualizan viejos adagios («para muestra basta un botón»). El detalle no es entonces accesorio sino necesario, y en ocasiones, hasta esencial. Volviendo a la metáfora del crimen, lo que se sustrae a la escena (lo que falta o se esconde), se enfrenta con el deseo de revelación, ese lugar de búsqueda (del indicio, del detalle que conduzca a la verdad) que el detective comparte con el entrevistador.

El trabajo detectivesco comienza en ocasiones tratando de ubicar al personaje, ganarse su confianza, obtener finalmente una cita (es el caso de tantos «monstruos sagrados»); otras veces se trata de una investigación previa al cuestionario, que concierne a una biografía, una teoría o una gestión, pero en todos los casos lo que prima en la imaginación del entrevistador es el deseo de desvelar algo, de ir más allá de lo que está a la vista. Así, la metáfora de la «ventana» más o menos indiscreta (asomarse al mundo interior, al ser humano que hay «detrás» de la máscara, acceder a los entresijos, a ciertas claves de interpretación), sostiene un juego múltiple que oscila entre la verdad, la falsedad, el engaño y el secreto (Greimas, 1983).[28]

---

27. El autor plantea la distinción entre detalle y fragmento como formas de composición estética cuya preponderancia respectiva puede orientar la caracterización del gusto de la época. (CALABRESE, 1988, págs. 73/80).

28. Estos términos, contrarios y contradictorios y sus respectivas relaciones conforman lo que se denomina «el cuadrado semiótico», en relación a los parámetros verdad/falsedad (Cf. Greimas, 1983).

Podría pensarse que el carácter inconcluso, abierto, que tiene la entrevista, la variedad de historias que narra, la importancia del detalle, sus distintas situaciones y personajes hacen difícil su caracterización. No obstante, sus recorridos están bastante tipificados. Si se exceptúan las referencias puntuales a la actualidad, la política y la divulgación científica o artística, el universo que alberga a los múltiples relatos es, ni más ni menos, la vida, modulada por recuerdos de infancia o de madurez, signada por la experiencia, el trabajo o la función, por la filosofía personal del entrevistado, el éxito o la desgracia, condensada en detalles o en fragmentos de memoria, apresada en la instantaneidad del presente, tomada como excusa narcisista.

Martin Amis (*Clarín*, 22/7/1993)

P: Su primera novela, *Los papeles de Raquel*, apareció en 1973 y obtuvo el premio Somerset Maugham. ¿Cómo contempla estos veinte años de escritura? ¿Es su carrera lo que usted había deseado?

—Los diez primeros años fueron más tranquilos que los diez últimos. Ahora tengo que presentar los libros, viajar... La ventaja de las traducciones es que dejan un espacio de descanso entre la aparición del libro y su presentación en otros países. En cuanto al oficio, creo que es mejor que muchos otros. Es muy solitario, pero para mí es mucho mejor sentarse a solas a soñar que realizar las tareas que la mayoría de la gente tiene que hacer. A veces mis hijos me preguntan qué siente uno siendo escritor, y siento eso: el privilegio de estar conmigo mismo.

3.2. La obsesión biográfica: entrever la interioridad

Quizá resulte un tanto paradójico que en plena expansión tecnológica, bajo el imperio de la comunicación vía satélite y la pasión por mundos extraños, poblados por *cyborgs* y monstruos sujetos a eternas metamorfosis, tenga tanta preeminencia el contar historias simples, que, aunque lejos de los circuitos sacralizados de la oralidad, de la vigilia junto al fuego en los cuentos de la abuela, apuntan a la valoración de lo vivencial, lo íntimo, lo cotidiano.

Pero también podría pensarse que justamente, el lugar destacado que ocupan los relatos biográficos en el horizonte massmediático delinea un espacio de identificación respecto de la macro-narratividad en que está inmerso, anónimamente, el sujeto contemporáneo. Sometido a los dictámenes del mercado, de la publicidad, del diseño, a la tiranía de las normativas terapéuticas, sanitarias, alimentarias, estéticas, de la evocación del mundo privado, de la identidad personal y de las experiencias cercanas, tiene que ver sin duda con la fantasía de que es posible algún protagonismo, con la búsqueda de singularidad.

En este territorio narrativo parece no haber distinción: famosos y notables, nuevos héroes, gente común, la convocatoria a expresar el yo desde todas partes alcanza tanto al discurso informativo como al científico. Si el escritor, la estrella, el político nos cuentan sin mayores reparos sus amores o sus preferencias y la crónica periodística se deja invadir por las impresiones y emociones del reportero, la apertura a la subjetividad, con diferentes características, gana también terrreno en el plano académico.

Para tomar sólo el caso de la historia, una de las disciplinas más condenadas a la «imparcialidad», al relato de acontecimientos que parecen contarse a sí mismos, al margen de la voz del historiador, en los últimos años se afirmó un doble movimiento. Por un lado, el interés se fue desplazando de los relatos omnicomprensivos, a escenas, personajes y temas más focalizados y cotidianos («microhistorias»), por el otro, fue cambiando el discurso mismo, incorporando marcas subjetivas del historiador/narrador, hasta el punto que fue posible para algunos la decisión de incluir entre el material la propia autobiografía.

Así, entre otros, el historiador inglés Ronald Fraser (1987) utiliza los mismos métodos de la investigación para indagar en su propia infancia y la especialista italiana en historia oral Luisa Passerini, avanzando en los umbrales de la autobiografía, teje su relato personal junto al de sus entrevistados de la generación del 68 que se propone estudiar:

Luisa Passerini (1988, pág. 62)

> X ha telefoneado que parte. Durante dos semanas estoy a salvo. ¿Qué es todo esto? Esclavitud, miseria, escarmiento. Todavía la economía de rapiña, aun en el amor: a toda costa poseer y ser poseído, de modo exclusivo. Querría un amor respetuoso, una relación de pareja menos sujeta al signo de la pasión.

En otra clave, el grupo francés de los Annales decidió emprender la insólita tarea de construir, con la mirada profesional, una «egohistoria»:

> Ni autobiografía falsamente literaria, ni confesiones inútilmente íntimas, ni profesión de fe abstracta, ni tentativa de psicoanálisis salvaje. El ejercicio consiste en iluminar su propia historia como uno haría la historia de otro, tratando de aplicar a sí mismo ... la mirada fría, abarcadora, explicativa que uno ha aplicado a otros tan a menudo (Nora, 1993, pág. 7).

Estas tendencias autorreflexivas también alcanzan a la crítica literaria: después que el estructuralismo contribuyera a poner entre paréntesis al autor, concentrando su atención en la «obra» como un universo autosuficiente, y en el narrador, figura construida en el texto, diferente y distanciada del escritor de «carne y hueso», vuelve a adquirir relevancia para la interpretación, la confrontación textual con tramas biográficas, voces de interioridad a menudo equívocas, escrituras que operan en los «márgenes» de su propia producción (diarios íntimos, secretos, correspondencias privadas, biografías ficcionales, borradores, cuadernos de notas, etc.).[29]

Esta exaltación de lo vivencial que parece acompañar el fin de siglo, no puede escapar sin embargo a la tentación de imponer modelos. «La vida», señalaba Bajtín en los años 50, «se toma del contexto valorativo de las revistas, periódicos, protocolos, de la popularización de las ciencias, de las conversaciones, etc.». Esta cita, referida al género biografía, expresa de modo feliz una tendencia actual, un «valor agregado» que circula por doquier, y que se traduce en instrucciones de uso relativas al empleo del tiempo, la salud, el amor o el ocio.

Junto a la liberación del «sí mismo» sobreviene el «Estado terapéutico» (Szasz) y sus campañas de prevención y prohibición, que no solamente toma a su cargo la salud y la moral del conjunto sino que también custodia los límites privados, el desliz, el exceso. Espada de Damocles que justamente amenaza con más rigor a los que tienen una imagen de éxito y anticonvencionalidad, y donde la entrevista suele trabajar al borde de la pesquisa jurídica.

Woody Allen (revista *Somos*, 31/8/1992)

P: ¿Estuvo solo con Dylan el 4 de agosto?

—*¿Si estuve solo con ella? No. Juego con los chicos todo el tiempo y entro y salgo de la casa y siempre hay gente. (...).*

---

[29]. El célebre «análisis estructural del relato», que dominara el horizonte de la crítica literaria en los '60 y parte de los '70, introdujo distinciones en cuanto a las reglas de articulación interna del texto, independizándolo de las significaciones contextuales. Así, aun cuando ubicara a la obra literaria en una serie histórica, su sentido podía ser aprehendido sin necesidad de remitir a la biografía del autor, que había sido considerada en otros enfoques fuente de explicaciones «causales», psicologistas, etc. (Cf. Barthes, Genette, Todorov, etc. 1975). En los últimos años se ha renovado el interés por archivos, materiales inéditos y formas autobiográficas, por ese desdoblamiento del autor/narrador que ofrece a menudo un contraste notable con otras obras del autor. Algunos ejemplos en este sentido son las reediciones del *Diario de Etnógrafo*, de Malinowski (1985) y de *L'Afrique Fantôme*, de Michel Leiris (1981) así como la reciente aparición de los *Diarios Secretos* de Wittgenstein (1991).

P: ¿Qué hay con respecto a esas fotos en que ella aparece desnuda? ¿Cómo fue que las sacó?

—*Estábamos sentados en este cuarto, hablando de su carrera como modelo y me pidió que le sacara unas fotos desnuda. Yo no soy de los que saben mucho sobre cámaras de fotos, no soy bueno en eso. Pero saqué algunas pocas y me olvidé del tema y eso fue... y eso fue el origen... No hay nada más que decir sobre el tema.*

Woody Allen (revista *Time*, 31/8/1992)

P: ¿Tomó realmente fotos de desnudos de Soon-Yi?

—*Sí. Soon-Yi me había hablado de que quería ser modelo y me dijo si yo le podía sacar algunas fotos sin ropa. En ese momento teníamos una relación íntima, así que le dije que por supuesto y lo hice. Fue nada más que un juego sin importancia.*

P: ¿Usted usa sus películas para trabajar sobre los dilemas a que se enfrenta en la vida?

—*No, la gente siempre confunde mis películas y mi vida.*

P: ¿Pero no será que usted confunde sus películas y su vida?

—*No, las películas son ficción. Los argumentos de mis películas no tienen ninguna relación con mi vida. Mi próxima película es sobre un asesinato.*

La autorrepresentación y el relato de la propia vida se mezclan en la entrevista con otros objetivos.[30] La pugna de puntos

---

30. A pesar de la relevancia que puedan tener ciertas palabras, las apuestas del género van más allá de sus propias historias: obtener una primicia, realizar un contacto, promover una imagen, competir con otro medio, etc.

de vista, el protagonismo conjunto del entrevistador, los supuestos éticos que no siempre se comparten, complejizan bastante la instancia de la enunciación. En ese juego doble, que va siempre más allá de sí mismo, podría marcarse una diferencia respecto de la autobiografía, sometida más bien a una tensión interna entre el fragmento y el «todo», esa fantasía de un orden articulado que sostiene desde hace mucho tiempo al tenaz género literario.

Es quizá en el libro de «Conversaciones» centrado en el relato de una vida, donde se estrecha la distancia entre ambos géneros, hasta el punto que a veces resulta difícil definirlos. Allí, sin la tiranía del tiempo, en el ritual de encuentros sucesivos, el arco vivencial puede delinearse con cierta independencia de la voz del entrevistador, por momentos casi monológicamente, en un reenvío especular apenas puntuado como en la sesión psicoanalítica. Nueva escena de la interrogación socrática, la presencia del otro parece estar allí justamente para ayudar a la exteriorización, apuntalar la debilidad de la memoria, el desfallecimiento de las cronologías, la búsqueda de sentidos.

Y todo ello porque el relato vital, tanto en la entrevista como en otros géneros, no es solamente una puesta en orden de acontecimientos disímiles, ni la articulación temporal de recuerdos lejanos: es, como toda narración, una puesta en sentido. La narración no es una mera «representación» de lo ocurrido, sino una forma que lo hace inteligible, una construcción que postula relaciones que quizá no existan en otro lugar, casualidades, causalidades, interpretaciones. Como sucede con la historia (quizá el ejemplo por excelencia), es la forma de la narración la que da sentido a hechos que de otro modo serían sólo señales en el calendario (Ricoeur, 1983, White, 1992). El relato vital tiene así que ver con el sentido de la vida, aun cuando el propio narrador no sea consciente de ello.

Podría decirse que la entrevista ha ocupado también el lugar de las memorias en la sociedad contemporánea. Aquí, lo biográfico logra articularse sin mayor problema a la actualidad o a una serie histórica determinada, incluso pone en sintonía lo personal con lo documental. El que recuerda, de manera espontánea o inducida por el entrevistador, puede focalizar en hechos y situaciones que van más allá de su propia experiencia y forman parte de la memoria colectiva. Pero esta «cuenta regresiva» nunca está disociada del presente de la enunciación, de esa vuelta sobre el «aquí y ahora» que caracteriza a los relatos massmediáticos.

El tema de la infancia es sin duda uno de los más recurrentes, y aparece en general como una evocación mítica de cierta anacronía. No es solamente el «color local», el pintoresquismo, las escenas convencionales, lo que se reitera en la rememoración, son también ciertas relaciones causales o explicativas, que trazan líneas directas entre infancia y madurez, entre virtualidad y (des)realización. Allí puede percibirse una matriz común, estructurante de los relatos, que habla de lugares idealizados en el esquema familiar (la voluntad o el deseo del padre o la madre, la vigencia de tradiciones, los apoyos u oposiciones).

Así, ciertos momentos de la historia serán cargados de fuerte simbolismo, transformándose en claves de un destino más alejado del azar que de la necesidad. Las decisiones vocacionales, los viajes iniciáticos, «los trabajos y los días», las peregrinaciones en busca de «lo verdadero» (un amor, un lugar, una profesión, etc.), los encuentros reveladores (con personas, libros, ideas, expresiones artísticas), son estaciones obligadas en esos itinerarios. Algunas historias paradigmáticas operan como punto de referencia, tanto en lo positivo como en lo negativo. La fama, el cumplimiento de metas prefijadas o el azar afortunado se enfrentan a destinos contrariados, marcados por el derrumbe o la fatalidad.

El amor y la vocación son sin duda temas privilegiados. El encuentro con el otro, las vicisitudes, la intensidad del sentimiento, su modulación, la conformación de una pareja, su cotidianeidad, su ruptura, la vivencia propia y hasta la del *partenaire* transcurren en relatos atravesados por deseos utópicos, verdaderas inscripciones del imaginario social. Así se sostienen creencias y dichos que el sentido común instituye con fuerza de ley, y que los entrevistados asumen a menudo con la gravedad y la convicción de la propia autoría. Quizá la más idealizada de las experiencias humanas, la relación amorosa, muestra en la entrevista todas las facetas que han devenido ya estereotipo: el amor-pasión, el capricho erótico, los celos, las tranquilas aguas del compañerismo.

La vocación no es menos importante en estas lides. El relato pormenorizado de una trayectoria por boca de su protagonista es siempre una experiencia aleccionadora, que renueva la confianza en la posibilidad de diseñar un proyecto de vida. Como manifestación temprana o tardía, como designio casi fatal o como alteración casual de un destino, la atracción vocacional aparece con un carácter hasta ontológico, ligada al cumplimiento del «ser», y también al mito romántico del impulso, la inspiración, el gesto iluminado. Sin embargo, también está la vocación en acto, como ritual y como persistencia del trabajo que debe asegurar la excelencia. El héroe vocacional (actor, pintor, deportista, músico) nunca está desligado de las rutinas, el rendimiento y la cambiante lógica del mercado. La fama, el éxito, el dinero, no dejan de mostrar la otra cara, también paradigmática: el tiempo expropiado, la nostalgia de las cosas simples, la tiranía sobre la intimidad.

El líder carismático o la estrella, cualquiera que sea su especialidad, se alternan con otros personajes en un escenario que raramente incluye al hombre común. En la dimensión *light* de lo biográfico se juegan las actitudes apropiadas o apropiadamente anticonvencionales de la *jet-set*, desde las altas finanzas al resabio de las realezas, *playboys*, aventureros, deportistas. A pesar de que nuestra época se caracteriza por cierta incredulidad (o quizá justamente por ello, diría Greimas)[31] el mundo de los bri-

---

31. «La sociedad de escepticismo se deja sumergir por olas de credulidad, se deja atrapar por discursos políticos, didácticos, publicitarios, y el saber adquirido sobre las trampas del saber es un antídoto absolutamente ineficaz». (GREIMAS, 1983 pag. 112).

llos, las fiestas, la heterogeneidad cosmopolita despierta fantasías «en estado puro», ofreciendo escapes hedonísticos a la normatividad, a la rutina. Es más, las revistas dedicadas exclusivamente al exhibicionismo de las vidas privadas están en pleno auge y son las que registran los índices más altos en sus tirajes.

Las intrigas, romances, acontecimientos, que involucran las cúspides, lo que se mueve en torno de los dispositivos del poder, también han ampliado sus circuitos, al tiempo que suscitan más curiosidad que desaprobación. Esas historias, de índole predominantemente visual (la eterna foto del *paparazzi* que cada vez inquieta menos a la princesa o al ministro, los relatos fotográficos de páginas enteras acompañados de unos pocos textos), circulan magnificadas por la celebridad del nombre y sólo ocasionalmente se acompañan de breves réplicas de autoría poco segura.

3.3. Ficcionalizar la vida tal cual es

Frente a lo que no se espera que sea otra cosa que simulacro, existen formas que pretenden dar cuenta de «la vida tal cual es» en una aproximación directa y personalizada. El ejemplo típico del trabajo de ficcionalización sobre escenas y personajes de la realidad lo constituyó el Nuevo Periodismo americano de los años 60, que marcó un tránsito a nuevas concepciones del género, tanto de la crónica como de la entrevista. Planteándose como un modo de periodismo subjetivo, con inclusión del reportero como personaje del relato, libertad estilística y permiso para utilizar una serie de procedimientos literarios (retratos, descripciones, climas emocionales, suspense, etc.), se proponía sin embargo una aproximación testimonial a los cambios de época a nivel de las costumbres y vida cotidiana de grandes figuras o grupos sociales, con una especial atención hacia personajes y ambientes marginales.

Si desde el punto de vista de la escritura, los reportajes[32] del Nuevo Periodismo se acercaban a la novela, especialmente a la novela negra americana, en ningún momento se cuestionaba el «contrato» inherente al género de la información, simplemente se reformulaban algunas cláusulas. En efecto, en este último pueden distinguirse dos componentes principales: el «contrato de autenticidad», por el cual «el acontecimiento o la noticia deben ser reportados *tal como se producen en la* realidad *(lugar donde uno imagina que podría verificar la existencia de los acontecimientos)*» (Charaudeau, 1983 pág. 101); y el «contrato de seriedad» que involucra a la actividad de la información en la obligación moral de una trasmisión veraz de la noticia.

Articulando la doble vertiente novelesca y testimonial, lo ficcionalizado con lo sucedido, el Nuevo Periodismo inauguraba un espacio divergente respecto de esos géneros, que recibiría también el nombre de *non fiction*. Tomando las palabras de Tom Wolfe, uno de sus exponentes:

> Las costumbres y las éticas hicieron la historia de los 60 (...) todos los cambios que se clasificaron como el hueco generacional, "la contracultura", "la conciencia negra", "la permisividad sexual" "la muerte de Dios" (...) la revolución *swinger groovy hippie* marginado *pop* Beatles Andy Baby Jane Bernie Huey Eldridge LSD concierto-monstruo droga *underground* (..) a todo eso los novelistas le volvieron la espalda (...) dejando un hueco lo bastante grande como para cobijar al Nuevo Periodismo. (Wolfe, 1984, págs. 47/48)

La misión testimonial, ligada a la imagen legendaria del periodista en el frente, se unía aquí a la ambición de gloria o de dinero, a la pugna por la primicia más impactante. Muy cerca del detective y también del antropólogo, el reportero obtenía

---

32. «Reportaje» alude en el contexto americano a una crónica donde interviene la entrevista pero no de modo excluyente.

sus historias no en entrevistas formales sino en un «estar allí», una especie de observación participante que lo llevaba a menudo a la convivencia con el entrevistado o la presencia durante varios días en el lugar de interés («Esa ambición más bien elemental y gozosa de mostrar al lector la *vida real* —«¡venid aquí! ¡Mirad! ¡Así es como vive la gente en estos días!»).[33]

Los procedimientos compositivos del Nuevo Periodismo han dejado su marca tanto en la crónica como en la entrevista. La construcción escena por escena, más importante que el dato informativo, la transcripción del diálogo en su totalidad, aun cuando resulte escabroso, el "suspense", la descripción de indicios, gestos, vestimenta, el rescate de objetos simbólicos plenos de significación.

> Viva se levantó y se quitó los pantalones. Se arrodilló ante mí, desnuda de cintura para abajo, y empezó a hurgar en una pila de ropa que había en el suelo.
> —Tengo que irme en cuanto encuentre algo que ponerme —explicó—. La revista *Eye* va a hacer una fotografía oficial del grupo y me necesitan.
> En el restaurante Max de Kansas City, después de la sesión de fotografías, Viva, Warhol e Ingrid Superstar y Brigid Polk —ambas actúan en películas de Warhol—, se hallaban sentados ante una amplia mesa redonda en un ángulo. El restaurante les trataba como a celebridades; Viva devolvió el pescado, luego un filete, mientras aspiraba metedrina en una cuchara.
> —*Yo* la tomo cada tres horas —explicó Brigid—. No dejes que nadie te diga que la rapidez mata. Llevo años tomándola (Goldsmith en Wolfe, 1984, pág. 141)

Visto en perspectiva, quizá uno de los aspectos más interesantes de esta herencia para el ámbito de las ciencias sociales sea justamente la creación de un lugar diferente para el entrevistador, un lugar más humano, podría decirse, donde no se le soli-

---

33. Op. cit., pág. 53.

cita una mirada maquinal, un ascetismo en cuanto a sus emociones. La inclusión del entrevistador en la investigación, viejo tema de debate, incluye como dato pertinente no solamente la consideración de lo *que cambia con su presencia en el otro* sino también cómo opera allí su propia subjetividad.

Una derivación más lejana en el tiempo pero en relación muy directa en cuanto a los modos de aproximarse a lo vivencial es sin duda el *reality show*, al cual nos referíamos en el capítulo anterior. También en esta forma televisiva de reciente expansión, es relevante el contar historias que enfrentan al hombre común con un destino extraordinario, aun cuando sólo sea por la envergadura de su desdicha. Aquí, la conexión con lo cotidiano tiene menos que ver con la primicia que con la búsqueda del «caso» ejemplarizador, que a partir de su banalidad, de aquello que comparte con la vida de cualquiera de nosotros, da un giro espectacular y nos confronta al horror doméstico, al azar, a las injusticias de la sociedad o a la impotencia de las instituciones (carencias, odios, olvidos, impunidades, pérdidas materiales o de personas), frente a los cuales la televisión se presenta como la instancia de mayor fortuna, con poder inmediato de convocatoria y eficacia en la resolución.

Desde estas modalidades a encuentros más superficiales, sin pretensión testimonial, el hablar de los sentimientos es una constante que suele expresarse en el doble registro de la experiencia personal y de cierta «filosofía de vida» del entrevistado aplicable a toda circunstancia. En este espacio de una palabra que no necesita estar autorizada por un saber particular, se dibuja, como figura en el tapiz, el tema recurrente de la felicidad. Utopía o realización, merecimiento o casualidad, imposibilidad, memoria o futuro, la felicidad es aquello que escapa tanto a la experiencia como a la narración. Resistente a toda descripción, anclada en el «yo» (sólo se puede decir «soy feliz»), deambula sin embargo por todo tipo de discursos, saturada en la conversación, los textos de autoayuda o la publicidad.

Trayéndola al plano de la filosofía, dirá Savater en *El conte-*

nido de la felicidad (1988, pág. 148): «Advierto que *la felicidad es una de las formas de la memoria.* (...) Una intensidad a salvo —qué otra cosa puede ser la felicidad?— sólo se encuentra en la memoria». Quizá sea justamente la felicidad uno de los ejes que articulan la trama subjetiva de las entrevistas, relatos donde perdura algo de las antiguas historias, aquellas que circulaban de boca en boca hablando de la vida de los otros, que era también el modo de hablar de la vida, a secas.

Capítulo 4

LA POLÍTICA COMO CONVERSACIÓN

La espectacularización de la política se presenta hoy como el cumplimiento de viejas predicciones, donde la crisis de representación parece acentuarse con los cambios de la época. El político en la escena televisiva se distingue poco de otros actores: es menos importante lo que dice que cómo se mueve bajo la cámara. La entrevista es la forma más cotidiana de discurso político: allí se nos habla de los temas candentes, se puede acusar al adversario pero también, según la tendencia a la personalización, que hace de la vida privada de los políticos un asunto público, darnos detalles de la intimidad. Asimismo es el lugar ideal del desmentido («No, yo no dije eso»), donde el entrevistador pretende asumir nuestra representación, preguntar lo que se supone que nos desvela, polemizar o acusar, y aun pedir explicaciones sobre las cifras de las encuestas, que a veces se transforman para los políticos en un nuevo adversario.

La relación entre política y cotidianeidad es casi necesaria. Difícilmente podamos imaginarnos un recorrido por las noticias del día sin esa dimensión que parece comprenderlo todo, desde los géneros de la información a la sátira, el humor, cualquier forma del espectáculo, incluidos los programas de animación. En ese juego babélico, de pugna de sentidos, donde interviene no sólo lo que se escucha sino también lo que se habla (el modesto protagonismo de nuestras conversaciones familiares, laborales, callejeras), se delinean las formas contemporáneas de la política, cuya versatilidad no nos confunde, y que nos aproxima desde distintos lugares a «lo que está sucediendo», a ese punto en que la sola expresión «estar informado» remite obligadamente a ella. Paradójicamente, si ese «estar informado» tiene un cierto poder tranquilizador, las noticias de que trata rara vez nos deparan otra cosa que inquietud.

En esa multiplicidad de registros se recortan sin embargo las formas del discurso político que podríamos llamar canónicas: el acto público, la disertación ante fueros nacionales o internacionales, el mensaje oficial, la conferencia de prensa. Esas palabras ofrecen la coincidencia feliz de reunir todos los factores que intervienen en su definición: un enunciador identificado como político (candidato o representante, funcionario, dirigente gremial, etc.), una temática apropiada, una conjunción de actos lingüísticos orientados a la persuasión (interpelar, diagnosticar, confrontar, polemizar con el adversario, prometer, exhortar), y una recepción identificable más en términos de «ciudadanía» que de «público».

A pesar de cumplir con todos esos requisitos, de esas voces sólo nos llega un eco fragmentario y lejano: muy ocasionalmente presenciamos un acto, o nos tomamos el trabajo de escuchar un discurso o de leer su transcripción en el diario, las conferencias de prensa difícilmente lleguen a aportarnos respuestas, y el mensaje en cadena, que podría marcar un umbral de expectativa, ligado a alguna situación de particular importancia, sólo nos ofrece una imagen plana, congelada entre objetos simbólicos (banderas, retratos de próceres), prisionera de fórmulas lingüísticas que rara vez se alteran.

Contrariando la distancia de esa palabra, el político se mueve en una asombrosa proximidad. Lo encontramos a cada *zapping*, en el *flash* del noticiario, en la mesa de opinión, en los suplementos dominicales, en los *sketchs* cómicos, en el programa de entretenimientos, en el *show*, en la revista de chismes, sin distinguirse mucho de las otras *vedettes*. En esta ubicuidad desconcertante repite más o menos lo mismo en todas partes y, con desigual fortuna (justo es reconocerlo), va adquiriendo soltura, oficio televisivo, fotogenia, una sonrisa bien ensayada y alguna réplica de humor.

4.1. La política espectáculo: predicciones cumplidas

El fenómeno, que uno estaría tentado de atribuir a rasgos no del todo felices de sus propios representantes, es sin embargo una expresión de los nuevos rumbos que ha tomado la política en nuestras sociedades mediatizadas. Si bien el debilitamiento de los contenidos propiamente políticos, la crisis de representación y de las ideologías vienen de antiguo, con momentos de agudización en lo que va del siglo, las últimas décadas han sido escenario de transformaciones radicales en cuanto a los modos de su manifestación. La relación indisociable con los medios, donde estos últimos parecen estipular las reglas, la compleja alianza entre discurso político, propaganda y publicidad, no han dejado de inquietar a la reflexión teórica de distinto sesgo, movilizando tanto discursos apocalípticos como loas a la comunicación.

Ya en los 60, la afortunada expresión de Guy Debord (1974)

«la sociedad del espectáculo» señalaba el predominio de los mass media en la constitución del horizonte político, sus nuevas reglas de juego derivadas de una puesta en escena publicística, y la creciente distancia de la ciudadanía, relegada a la condición de «espectador». La vieja metáfora del teatro,[34] siempre tan cercana a la política, se actualizaba así con nuevos contenidos, donde quizá lo más impactante era la equiparación de los políticos y sus consignas a cualquier producto del mercado en esa creciente sociedad de consumo, sometida a las leyes del *advertising*.[35] El tiempo transcurrido no nos muestra más que la profundización de esa tendencia: hoy las campañas electorales no se distinguen, en cuanto a sus estrategias, de cualquier campaña publicitaria, y los candidatos asumen sin remordimientos su divismo a la manera de las figura del espectáculo.

Ese «sistema de estrellas» que ya por la misma época describía el sociólogo americano Richard Sennett no sin cierta melancolía, se ha transformado en una verdadera galaxia, donde aquel descubrimiento desesperanzado («el contenido de la creencia política retrocede cuando las gentes comienzan a mostrarse más interesadas en el contenido de la vida de los políticos... que en sus ideas») forma parte ya de nuestra rutina (Sennett, 1978, pág. 351).

Es que lo que también se ha puesto en cuestión es la propia caracterización del espacio público y su relación con el ámbito

---

34. La tradición de la vida como teatro («theatrum mundi») y los individuos como actores es de las más antiguas de Occidente. Desde la idea platónica de la vida humana como una función de marionetas accionadas por los dioses, pasando por los misterios medievales, al teatro de corte y los trashumantes, hay ciertas antinomias fundamentales que se reiteran: verdad y adecuación, esencia y apariencia, bondad y maldad, vicio y virtud. Si la trayectoria del teatro esta ligada a la ética, habla de la moral y es moralizante, la metáfora respecto de la sociedad juega también sobre los valores o creencias, en un movimiento de ida y vuelta: la escena refleja la sociedad y la transforma, expresa lo dado y permite o anuncia la aparición de lo nuevo.

35. Al respecto, un ejemplo clásico de este proceso de «espectacularización», que comenzara a hacerse muy notorio en los Estados Unidos, lo constituye el libro de Joe McGinnis «Cómo se vende un presidente», escrito desde la óptica del «Nuevo Periodismo» americano de los años 60.

de lo privado. El mismo autor señalaba una paradoja: en la política, como en la arquitectura moderna, los espacios vidriados anulan la distancia entre exterior e interior pero sin establecer ningún contacto entre ambos. Esa sensación es bastante habitual: estamos al tanto de lo que pasa, o mejor, de lo que los medios nos repiten hasta el cansancio, pero todo se desenvuelve en una lejanía donde difícilmente es posible intervenir.

Si cada década aportó sus propias inquietudes, los años 80 dieron lugar a nuevas teorizaciones sobre la explosión tecnológica y el cambio cultural. Por un lado, la idea de que los medios «reproducían» con mayor o menor objetividad la realidad, dio paso a la noción de construcción de la realidad por los medios: ésta no se encuentra «fijada» en ningún lugar ni puede aprehenderse al margen de los relatos que la constituyen. A su vez, el concepto de *mediatización* (Verón, 1983) señalaba todavía un paso más allá, marcando el fenómeno de una construcción de la realidad para los medios (ya no era la cámara llegando al «lugar del hecho» sino «el hecho» preparado específicamente para la llegada de la cámara).[36]

Por otro lado, el concepto de *simulacro* (Baudrillard, 1984) pensado en relación al funcionamiento de los mass media, aludía a un desvanecimiento de lo real, a una representación de segundo grado, desligada de la referencia, a una especie de signo vacío, «donde el objeto y la sustancia han desaparecido». En su diferencia, ambos enfoques insistían en los términos paradójicos de la saturación massmediática: lo mediatizado, producido *para* la cámara en una cercanía engañosa como si fuera *la realidad* en directo;[37] el simulacro, réplica al infinito «más real que

---

36. VERON, E. En este trayecto se pueden ubicar dos momentos, el de *Construir el acontecimiento*, 1983, y los desarrollos efectuados en un Seminario en Buenos Aires «La mediatización. Hacia una teoría de los discursos sociales», 1985. Este concepto articuló la entrevista que le hiciera para *Punto de Vista* (ago./oct. 1985), «La mediatización y los juegos del discurso».

37. Si el ejemplo típico de la argumentación de Verón era en ese momento el homenaje a los próceres que había realizado el presidente francés Francois Mitterrand

lo real», giro en falso de una tecnología «obesa» que sólo ofrece como contrapartida el vacío.

Después de la guerra del Golfo, parece imposible pensar la política al margen del «nuevo orden mundial», que conlleva no solamente la globalización de la economía sino también la comunicación vía satélite, la réplica no siempre afortunada de pautas culturales y del propio modelo democrático/liberal. Si el vértigo de la tecnología nos coloca hoy, desde la comodidad de nuestro sillón del cuarto de estar, frente a todo lo que pasa en el mundo (guerras, masacres, cumbres parlamentarias, visitas presidenciales, entrevistas a personajes lejanos, etc.) ¿Cómo no sentarnos en el mismo sillón para enterarnos de la actualidad del lugar donde vivimos? Allí, en esa pantalla que parece haberse transformado en el espacio público por excelencia, desfilan los representantes y también los «representados» (con las comillas expresamos esa distancia cada vez mayor que nos aleja de una verdadera representación, problema aún sin resolver en nuestras democracias).

Entre los «representados», entonces, se encuentran todas las caras del conflicto: movilizaciones, convocatorias, demandas, la calle como escenario de las problemáticas, espacio de presión y, a veces, de decisión. La opinión pública, esa instancia evanescente, parece adquirir allí cierta consistencia y corporeidad, de tal modo que el programa político semanal de debate, retomando a posteriori temas y protagonistas de ambos «bandos», se plantea como la escena más legítima para la reflexión colectiva.

En ese contrapunto entre los unos y los otros (entrevistas, confrontaciones, mesas redondas), en esa visibilidad de los políticos y funcionarios ante las múltiples identidades de sus gobernados (partidarias, sindicales, regionales, vecinales, etc.), en esa

---

entrando solo en el Panteón, con una flor y seguido por el ojo de la cámara para millones de teleespectadores, actualmente ya es habitual presenciar «eventos», incluso dentro del noticiero, que sólo lo son para la cámara.

potencialidad que nos coloca de este lado de la pantalla como destinatarios, receptores, pero también como ciudadanos concernidos, se juega la índole misma de la llamada «democracia audiovisual», para algunos la única forma posible de democracia en nuestras sociedades.

La importancia creciente de la televisión en estos desafíos contemporáneos, el lugar protagónico que se atribuye cada vez más en la acuñación de sentidos, pero también en cuanto a su eficacia transformadora de situaciones, su «función social» llevada a la máxima expresión (como señalábamos al hablar de los *reality shows*, su poder de estar más cerca del hombre común, de resolver sus problemas «mejor» que las instituciones), exige del debate, por otra parte siempre abierto, nuevas conceptualizaciones y por supuesto cierta distancia crítica. En efecto, si la política se ha transformado en un género massmediático, que va de la información a la animación, seguramente habrá que formular nuevas preguntas que permitan avanzar más allá de una explicación en términos de desvío o de adulteración.

4.2. Los políticos en clave personal

Volviendo a los políticos y sus incansables apariciones, la distancia que va del *flash* o la conversación en el programa de entretenimientos a la mesa redonda, el debate televisivo o el reportaje extenso, comparten una modalidad común, que tiene que ver con el género que nos ocupa: se trata, en todos los casos, de entrevistas, de encuentros con un otro (reportero, entrevistador, presentador, conductor de programa), que interroga, polemiza, «hace ver». En este punto la gráfica y los medios audiovisuales tienen lógicas quizá poco comparables, en tanto los soportes del primer tipo pueden operar en extensión y profundidad, abordando incluso cuestiones doctrinarias, programáticas (los reportajes en situaciones electorales son una buena muestra en este sentido, presentan plataformas, discuten problemas, etc.), mientras que los segundos trabajan más la condensación, formas sintéticas, casi consignas, a menudo confrontadas en el acto con otras voces.

Si bien cada modalidad de entrevista tiene sus reglas, lo que puede notarse en general es una flexibilización de la palabra, la posibilidad de usar imágenes familiares, irónicas, vulgares, el recurso al chiste o al refrán. En ciertos casos, sobre todo cuando se acentúan aspectos técnicos (esa jerga de especialistas, especialmente en economía, que cada vez más parece necesitar de traducción) el discurso político en la entrevista opera, al estilo de la divulgación científica, por reducción de la complejidad.

Fuera de las situaciones electorales, donde hay una notoria pluralidad (aun cuando los espacios que se otorgan estén en estrecha relación con el caudal estimado de votantes) el acceso a la entrevista no es indiscriminado. Junto a las *vedettes* (sean gobierno u oposición) se mueven multitud de funcionarios o figuras no de primera línea, cuya justificación en la escena pública parece tener más que ver con la necesaria visibilidad de las instancias del aparato estatal, con la articulación de un nombre a una función. Este acceso (que multiplica voces y responsabilidades), se da no sólo en el *flash* informativo sino también en otros tipos de intervención, como la modalidad de confrontar *in situ* la palabra política con otras figuras (expertos, implicados, afectados por hechos diversos, testigos, acusadores, etc.) en programas televisivos y radiofónicos.

Esta construcción de una identidad pública a través de la exhibición esencialmente corpórea tiene quizá un antecedente en una dinámica habitual de la prensa norteamericana hacia finales del siglo pasado, cuando a través de la entrevista a los personajes de la política se deslindaban responsabilidades («Usted no puede decir eso si no lo pone en boca de alguien») y además «se podía permitir y también controlar la visibilidad pública de los miembros de la elite de la sociedad, del gobierno y de las organizaciones privadas» (Roshko, 1986, pág. 28).

Podría también imaginarse que una huella lejana de los rituales de la representación en el Antiguo Régimen perdura todavía en la entrevista. Como señalara J. Habermas en su clásico estudio sobre la opinión pública, la representación se encarnaba «en las figuras corpóreas de reyes, señores y prelados que la desplegaban ante al pueblo a través de una gestualidad, discursividad y vestimenta específicas» (Habermas, 1981, pág. 243). Con la obvia diferencia en cuanto a la «representación» de que se está tratando (los antiguos dignatarios *eran* su propia representación, mientras que lo que se despliega en los medios es, según el mismo autor, «una *publicidad* representativa», una notoriedad cercana de la fama en la que participan los propios interesados), también aquí hay una apuesta significante que va más allá de «lo que se diga», a los usos del cuerpo, del gesto, del *look*.

Justamente, el entrenamiento televisivo consiste menos en la destreza para sostener una sólida argumentación, que en una serie de competencias pragmáticas, de posicionamiento corporal, facial, de entonación y modulación, y sobre todo, un saber acerca de dónde está enfocando la cámara en cada momento y cómo colocar el mejor perfil.

Para Sennett (1978), la aparición del político en la escena pública tiene más que ver con la representación en términos teatrales que con la relación con sus representados, en constante devaluación. La tendencia, ya perceptible a principios de los 70, permitía conjeturar lo que aparece como crudo dato del horizonte actual: en sociedades donde el exceso de información produce ya incertidumbre, donde las propuestas de comunicación saturan a los receptores operando en su pasividad, la cada vez mayor visibilidad de políticos y funcionarios se corresponde con una menor participación en términos de ciudadanía, con un decisivo alejamiento entre políticos y electores, los primeros respondiendo más a los imperativos de su partido o fracción que a los compromisos asumidos ante los segundos.

Pese a los matices que puedan encontrarse en las conversaciones públicas que nos ocupan (informativos, testimoniales, de autoría, ideológicos, programáticos, etc.), la mayor apuesta del género es sin duda la *personalización*, que opera por lo menos en dos registros fundamentales. Uno, tiene que ver con la mostración de la interioridad de la persona, con ese imaginario que no sólo remite a las tendencias narcisistas contemporáneas, sino también al mito, ligado al surgimiento del Estado burgués, de que es posible la revelación de la propia personalidad por los signos inequívocos de la fisonomía, la diferencia sexual, la vestimenta, los gestos, el andar.[38]

Pero si la «presencia» dice algo sobre la identidad, si lo que interesa es «la clase de persona» de que se trata (los atributos, intenciones, sentimientos), la política misma se *personaliza*, deja de ser una trama compleja de factores de poder, una pugna de intereses a menudo no identificables, para transformarse en cuestión de voluntad, de carácter, de (in)capacidades. Así opera el otro registro que mencionábamos: no sólo es posible buscar causas mayores en detalles de la personalidad, sino también dirimir los términos, incluso en relación con el adversario, en pugnas que evocan las rencillas domésticas y sus mecanismos de culpabilización.

Carlos Spadone (revista *El Periodista*, 6/4/1989)[39]

P: ¿Qué opina de Alfonsín?

—*Es un buen hombre, muy parecido a mi padre físicamente. Bien intencionado y sano, pero se rodeó muy mal. No supo elegir a la gente.*

38. Esta pretensión semiótica, que la literatura del siglo XIX muestra con tanta sutileza y que aparece paradigmáticamente encarnada en la figura del investigador/detective (Cf. el Auguste Dupin de E.A. Poe, el Sherlock Holmes de C. Doyle, etc.) se abría incluso a la complejidad del mundo interior, lejos de las visiones deterministas de una «ciencia» de gran difusión en los siglos XVII y XVIII, la *fisiognomonía*, que trazaba paralelos entre características fisonómicas y personalidad. Un interesante rastreo alrededor de esta «ciencia» puede encontrarse en DUMONT, MARTINE (1984) «Le succès mondain d'une fausse science: la physiognomonie de Johann Kaspar Lavater».

39. Todos los ejemplos que presentamos en el capítulo están tomados de entrevistas a políticos en medios gráficos, realizadas durante la campaña electoral presidencial en Argentina de 1989. El Presidente era entonces Raúl Alfonsín, y su sucesor electo fue Carlos Menem, por un período de seis años. La selección de textos, dejando de

P: ¿Le pasará lo mismo a Menem?

—*Le puede pasar. Pero si elige bien, Menem será el mejor presidente de este siglo.*

Juan Manuel Casella, *ídem*

P: ¿Qué opina de Menem?

—*Un buen hombre con una enorme superficialidad. Se maneja con esquemas preelaborados, pero no vincula a uno con otro. Tiene una visión tradicionalmente justicialista de la realidad económica argentina: corporativa y distribucionista.*

Si la dimensión indicial, de contacto, actúa aun en esas declaraciones al paso, itinerantes, que parecen simplemente verbalizar lo ya conocido (la primicia es esquiva, se resiste a la persecución de los micrófonos, lo más a menudo aparece inadvertidamente), el lugar de mayor elaboración es aquel que tiende a articular vida pública y privada, a establecer transacciones entre ambos espacios. Aparecen aquí, como en otras entrevistas biográficas, relaciones de causalidad, nexos que unen en el imaginario tiempos de la vida, decisiones, acontecimientos.

Las líneas temáticas tampoco difieren demasiado: el modo de ser, la composición o historia familiar, los sentimientos, los detalles íntimos de gustos, hábitos y costumbres, imágenes identificatorias en relación a pares o adversarios, anécdotas, trasfondo de la vida política. A la manera de cualquier estrella, no solamente podrá ser preguntado sobre su vida sentimental, sus impuestos o las últimas películas que vio, sino que se le permi-

---

lado algunos particularismos, ha procurado retener aquellos rasgos que son comunes en el discurso político, y creemos que el desconocimiento del «quién es quién» de los entrevistados, no impedirá al lector de otras latitudes seguir el hilo de la argumentación.

tirá extenderse sobre sus inclinaciones vocacionales, identificables en este caso con un servicio público, por el desinterés de adhesión a una causa, partido o movimiento. La articulación público/privado puede así derivar fácilmente al terreno de la historia nacional o la memoria colectiva.

Federico Storani (revista *Siete Días*, abril de 1989)

P: ¿Y a vos te gustan las mujeres de edad avanzada o las más jovencitas?

—*Me gustan todas... las demostraciones de afecto se entiende. Incluso las de los hombres.*

P: ¿Y qué mujeres te seducen de las conocidas?

—*¿En la política?*

P: O en la vida real...

—*De las actrices —que siempre se toma como lo más cercano— me gusta una belleza etérea como Catherine Deneuve (...)*

Adelina de Viola (revista *Humor*, abril de 1989)

P: ¿Qué ha hecho?

—*He trabajado de maestra, he sido comerciante de esos que se cargan su mercadería y se llevan y atienden...*

P: ¿Qué vendía?

—*Carteras. He criado a dos de mis hijos en medio del negocio, los he amamantado y les he dado el biberón delante de todo el mun-*

do. Mírame, éstas son manos de lavar platos... Yo creo que la gente sabe lo que es eso (...)

Lo que quizá distingue la avanzada en la privacidad de los políticos es una acentuación ético/moralizante, una especie de necesidad confirmatoria de virtudes y merecimientos, en definitiva, una renovación íntima, doméstica, del siempre amenazado voto de confianza. Este juego, acordado o unilateral (no olvidemos que la entrevista también puede ser un terreno bélico) revela límites más estrictos de tolerancia a la infracción que en otro tipo de entrevistados. ¿Cuál es el umbral de lo preguntable? ¿Dónde se enfrentan la libertad de prensa y el «derecho a la intimidad»? ¿Qué obligaciones tiene el funcionario respecto a su privacidad? Interrogantes que están muy presentes en el actual horizonte público y en torno de los cuales valdría quizá la pena reflexionar.

Aun con los peligros de la intimidad, este tipo de entrevista permite al político tomar un respiro de una de sus actividades más penosas: dar explicaciones. Sin embargo, tanto al narrar su novela familiar como al responder sobre temas de su incumbencia no abandona algunos lugares canónicos del discurso político: la posibilidad de hablarle al abanico de sus destinatarios virtuales (partidarios, adherentes, adversarios, indecisos, «enemigos»), de conformar una imagen diferente respecto de sus pares, de transitar el peligroso espacio de la promesa. En realidad, por más que no hable de política nunca deja de hacerlo del todo: en la mira de la entrevista, como lugar discursivo institucionalizado, el destinatario está siempre más cerca del votante o del ciudadano que de la categoría más general de «público».

Dante Caputo (revista *La Semana*, abril de 1989)

P: Si tuviera un indeciso aquí delante, ¿cuál sería la apelación para captar ese voto?

—Que no vuelva al pasado que generó los males del presente para resolver las cosas que nos faltan por resolver. (...)

Alfredo Bravo (revista *El Periodista*, abril de 1989)

P: ¿A qué sector del electorado dirige su mensaje la Unidad Socialista?

—Nos dirigimos a todos los argentinos. Sobre todo a quienes crean la riqueza nacional y muchas veces no disfrutan de ella, a los trabajadores, a los productores, a los profesionales y maestros, a los estudiantes (...)

4.3. El entrevistador, nuestro «representante»

Si el discurso político oscila siempre en un doble movimiento (diferenciarse del adversario pero tratando de lograr adhesión inclusive entre los seguidores de éste), la entrevista opera, aun sin quererlo, un sesgo en la recepción por medio del soporte, medio e interlocutor de que se trate. Mientras que el acto público, el mensaje en cadena o la conferencia de prensa apuntan a una simultaneidad en la recepción, tratan de aproximarse a esa utopía de «ser escuchado por todos», en la pequeña escena dialógica se juega un rol nada secundario: el de hablarle a cada uno a través de ese otro, el entrevistador, que asume en cierto modo la representación del conjunto.

Desde este punto de vista, el lugar de mediador del entrevistador deviene emblemático: puede usar tanto el modo asertivo como el interrogativo, objetar, refutar, polemizar, pedir explicaciones, facilitarlas, demandar por las promesas no cumplidas, acusar, confrontar con otras voces. Frente a un entrevistado político, y respecto de la «cosa pública», hay un *plus* socialmente autorizado en esa *performance*, que lo transforma en una especie de intérprete inmediato de la recepción posible de los enunciados: estar en el lugar del receptor, arrogarse su representación (ser representante del representado).

Alvaro Alsogaray (revista *Somos*, 15/3/1989)

P: ¿Usted no cree en las encuestas? ¿Por qué piensa que los indecisos van a votarlo a usted?

—*No es que no crea en las encuestas. Lo que ocurre es que reflejan el pasado (...).*

Néstor Vicente (revista *Siete Días*, 23/3/1989)

P: ¿Esta izquierda de 1989 plantea algo nuevo, revolucionario o creativo que la diferencie de la izquierda tradicional?

—*Plantea la voluntad de llegar a la totalidad de la sociedad.*

Juan V. Sourrouille (Diario *Página*, 12, 25/3/1989)

P: En la última conferencia de prensa usted dijo que no había fracasado. ¿Por qué nunca se le escucha una autocrítica?

—*Yo sé positivamente que he cometido errores y que es necesario hacer autocríticas.*

Eduardo Angeloz (*Clarín*, 19/3/1989)

P: ¿Cuando habla de poner el seguro de desempleo es porque piensa echar gente a la calle?

—*Pero si lo que estoy proponiendo es la creación de empleos a través del crecimiento económico...*

Esta posición del interrogador, que la televisión construye muy particularmente, no ha dejado de consolidarse, hasta el punto clave de «habilitar» realmente el acceso a la palabra pública de candidatos y funcionarios. En la variedad de sus ocurrencias, del diálogo personalizado hasta la confrontación en el mismo momento y por varias voces, ofrece una especie de escena figurativa de la democracia, donde *insisten* imágenes, cuerpos, lógicas argumentativas y estereotipos, desde la proximidad de la conversación.[40]

Del lado del entrevistado, estas formas ofrecen la oportunidad de una sintonía mucho más afinada con el destinatario, un espacio propicio para la justificación, la aclaración, la retractación (esta última se esconde, generalmente, en el desmentido). También es un lugar que permite el despliegue del tiempo, su pregnancia* sobre el momento de la enunciación: ejercer tanto la capacidad de rememoración como remitir al futuro, tiempo por excelencia de la política (qué sería de ella sin el porvenir, donde los conflictos, siempre actuales, encontrarán finalmente resolución).

La actividad metadiscursiva (qué se dijo en realidad, qué se quiso decir al decir tal cosa, etc.) suele ser preponderante, poniendo de manifiesto esa pugna por la univocidad, por acotar las interpretaciones y reducir el equívoco que es inherente a la lucha política. Se realiza aquí un verdadero trabajo de traducción, que evita a menudo la semántica o la filología y que está centrado explícitamente en el plano de la recepción (cómo deben tomarse tales enunciados).

Carlos Menem (*El Periodista*, marzo de 1989)

P: A usted se le adjudican declaraciones contra los intelectuales (...)

---

40. A las formas clásicas del reportaje político «unipersonal» se agregan diversas formas combinadas (presentaciones múltiples, intervenciones individuales con presencia de contrapartes, conexiones simultáneas, diálogos satelitales, etc.).

* En psicología, la capacidad de un objeto de atraer la atención [R.]

—¿Y cuándo hablé yo mal de los intelectuales?

P: En la revista *El Porteño*...

—Ah, bueno, una cosa es el intelectual respetuoso...

P: ¿El sumiso?

—No, el respetuoso. El que no quiere destruir. Y otra cosa es el intelectualoide, el tilingo. Yo respeto a intelectuales como Scalabrini Ortiz, Marechal, el propio Borges, Jorge Asís...

Carlos Menem (revista *Siete Días*, abril de 1989)

P: Sin embargo, doctor, usted también ha hecho declaraciones altisonantes, afirmando, por ejemplo, hace un par de días que hay sectores del gobierno que estarían viendo la posibilidad de impedir su acceso al poder.

—No, yo no dije eso... En ningún momento me he expresado de esa forma. Lo que dije, de acuerdo con declaraciones de colaboradores del doctor Alfonsín, es que éste había manifestado con énfasis que apelaría a todos los medios legales para impedir el triunfo de Carlos Menem.

Juan C. Pugliese (*El Periodista*, marzo de 1989)

P: ¿Qué autocrítica se puede hacer desde el radicalismo sobre estos cinco años de gobierno?

—Más que autocrítica, yo diría que podemos hacer un examen crítico, que es más o menos lo mismo pero es distinto. (...)

Pero además existe en el género la virtualidad de una vuelta autorreflexiva, pueden decir cómo se ven o juzgan a sí mismos, arrepentirse de sus errores, constituir la escena de la comunicación y también operar valorativamente sobre esa escena: mas allá del tema de la conversación, se propone un modelo de comunicación, se da un ejemplo directo o por medio de una negativa de cómo deben ser las relaciones con los otros, se acentúa la positividad de la interacción en cuanto a las ventajas del diálogo o la escucha mutua. Pese a sus eventuales desbordes, la entrevista cumple en cierto modo un papel pacificador, de reafirmación de un orden social capaz de mostrar similitudes y diferencias y, a pesar de ellas, de ofrecer la posibilidad de los vínculos.

Y es que no puede olvidarse que el diálogo, como resolución de conflictos, es también una escena emblemática de la política que evoca el acuerdo, la concertación, el sopesar argumentos de ambas partes. Muchas veces, su identificación lisa y llana con la «buena» comunicación estigmatiza todo enfrentamiento, ruptura o renuncia en la mesa de negociaciones, es decir, todo gesto contrario.

Esa palabra pacificadora, que aparece como un modelo a seguir, no sólo se distancia de los hechos, aun de las pequeñas violencias cotidianas, sino también de otra que parece en vías de extinción, una palabra cuestionadora, crítica, comprometida. Ejemplo paradigmático, el Parlamento, donde a veces las posiciones enfrentadas presagian ruidos y tumultos que finalmente terminan con la aprobación: la sangre nunca llega al río. Hace más de una década Habermas (1981) señalaba críticamente la particularidad de esa instancia donde *lo real* siempre ha ocurrido ya, en otro lugar, a puertas cerradas.

Volviendo al tema de la recepción, verdadera obsesión de la política, también puede ser una cuestión de cuerpo aunque esté mediada por algo aparentemente alejado de él: los sondeos, verdaderos formadores de opinión y de intención de voto. Las cifras, que se han vuelto componentes inseparables de la democracia marcan constantemente no sólo los climas preelectorales sino hasta el simple devenir: las cotas de popularidad de los candidatos o funcionarios, las reacciones de la gente frente a tal o cual anuncio o acontecimiento, la *performance* cumplida en un debate o aparición pública.

Este reinado de números y porcentajes ha cambiado los preceptos mismos del juego político: su dictamen, irrefutable por cuanto se apoya en la más refinada tecnología y el prestigio de grandes consultoras, se transforma no sólo en noticia sino también en tema de interrogación. En tanto es ya un elemento obligado de la emisión televisiva, esa interrogación es inmediata, y el entrevistado se encuentra confrontado a las cifras bajo la cámara («poniendo el cuerpo»), como ante una «voluntad popular» (Champagne, 1987, 1990) de la cual el entrevistador se transforma en portavoz.

Estas nuevas tecnologías de la política llevan, según este autor, a una situación paradójica. Por un lado, los sondeos operarían una especie de democratización de la entrevista periodística, por cuanto acotarían el margen de arbitrariedad de las respuestas obligando a los políticos a dar explicaciones sobre las cifras, aun respecto de su propia cota de popularidad; por el otro, plantean el problema, largamente discutido en ciencias sociales, de la validez de los datos de las encuestas, que aparecen como «dados», quedando totalmente oscurecidos los parámetros de su construcción.

Si, en general, las estrellas del reportaje sobrevuelan un espacio común (las alturas, la notoriedad, la fama), la *jet-set* y la política parecen estar hoy más cerca que nunca. La frivolidad y el discurso de la autopublicidad son asumidos con frecuencia en el mismo nivel. Los cuerpos de unos y otros están sometidos a idénticos dictámenes de la moda, de la cirugía, de la eterna juventud. De una campaña a otra vemos desaparecer arrugas o bolsas antiestéticas bajo los ojos de algún candidato, es decir, una historia que incluso podría ser venerable. Contactos fácticos, intrascendentes, con valor de redundancia, aseguran la permanencia en la retina y la vigencia del nombre: más importante que el decir es el «estar allí», un «allí» que no cesa de multiplicarse en las revistas y las pantallas (fiestas, viajes, recepciones, inauguraciones).

¿Qué relación podría establecerse entre este tipo de exposición y la credibilidad política? En los años 80, ante el notable crecimiento de la franja de indecisos, que aparecía como un fenómeno común a las democracias, se postulaba, como uno de los criterios explicativos de esa evidente crisis de credibilidad, a la puesta en equivalencia producida por la exhibición constante de las figuras en la televisión y la confrontación de los respectivos modos de enunciación (contrapuntos, debates, mesas redondas, entrevistas) hasta el punto que «todos parecían decir lo mismo» (Verón, 1985).

En los últimos años este fenómeno parece acentuarse, consecuentemente, con el desdibujamiento de identidades políticas tradicionales y la formalización de nuevas alianzas a nivel nacional e internacional. El acercamiento de las diferencias, la reducción de antagonismos, una hibridación en clave *light* acompañan la creciente aleación entre política y espectáculo donde las reglas las pone este último. La distancia de la representación se disuelve en la proximidad, en esa lente de aumento donde el político se muestra en su ser común, a la manera de cualquiera de nosotros.

En esa escena, como en la representación teatral, se mezcla lo verdadero y lo verídico. En el teatro el espectador sabe que se enfrenta a un objeto quizá verosímil pero no verídico; ante una entrevista cree que se trata de algo verídico aunque no todo le parezca verosímil. En ese umbral, donde se disputa el conocimiento de una «realidad» que las palabras podrían dejar al descubierto, en esa tríada donde se articulan política, cotidianeidad y periodismo, se expresan y transforman pautas, creencias, datos del sentido común, en definitiva, el imaginario mismo de la política.

Capítulo 5

LA ENTREVISTA EN LA INVESTIGACIÓN PERIODÍSTICA

La entrevista es uno de las instrumentos por excelencia de la investigación periodística. De tipo testimonial o indagatorio, dirigida al testigo de hechos, al protagonista, al ciudadano, a voces autorizadas, a especialistas, tiene el mismo valor que en sus usos en ciencias sociales: reconstruir un acontecimiento, una historia, casos ejemplares, encontrar un orden y una verdad. En este sentido, los umbrales de una y otras formas no son tan nítidos. La investigación periodística, sin embargo, suele tener otras motivaciones que la hipótesis científica: la búsqueda de la primicia, la revelación de un enigma, las pruebas para una denuncia. Pero esa figura legendaria del investigador/ reportero/detective, no siempre cumple un trabajo espectacular. Temas y problemas de la sociedad contemporánea, incursiones biográficas, indagación de la memoria, también forman parte de sus objetivos cotidianos.

La definición de un género discursivo, lejos de resolverse en la captura de algunos rasgos específicos, se enfrenta siempre a la heterogeneidad, a aquello que se escapa, que contradice, que se transforma en otra cosa. Es por ello que las diferencias con géneros vecinos suelen ser sutiles y los límites apenas tentativos, hasta el punto que una misma descripción puede convenir a unos y otros.

En el caso de la entrevista, si bien la diversidad de temas, protagonistas y situaciones encuentra en la forma dialógica un denominador común, su delimitación como género periodístico/mediático supone umbrales de contacto borrosos, fronteras no siempre definidas. Así, la entrevista íntima suele rondar el terreno de la biografía o la autobiografía, la que se interesa en la función o profesión se aproxima muchas veces al discurso político, científico o filosófico, y la que transcurre en el marco del *show*, alimentando el equívoco de un personaje que actúa de «sí mismo», se confunde a menudo con el *gag* televisivo.

En lo que hace a la entrevista testimonial, sin duda uno de los pilares del género, que recoge la voz del testigo de los hechos o aporta datos «de primera mano» a una investigación periodística, se ubica en una casi obligada vecindad con las utilizadas como metodología de indagación de las ciencias sociales, desde la etnografía a la historia oral.

5.1. El investigador/detective, una figura mítica

Tal cercanía no es sin embargo sorprendente. En efecto, la clásica figura del reportero/investigador se perfiló históricamente incluso antes de la aparición de esos especialistas que también se interesarían en el registro de la palabra del otro (sociólogos, antropólogos, etnógrafos, sociolingüistas, historiadores orales), y la técnica de la entrevista, en combinación con otras fuentes, no solamente le daba acceso a la información, sino que validaba su propia palabra.

Este tipo de indagación periodística fue de gran importancia para la política. Las declaraciones «en persona» y más tarde el registro de la voz de grandes líderes, sus opiniones, sus comentarios, fueron articulando la conformación misma del ámbito público/político como un juego de palabras autorizadas. Hacia finales del siglo XIX estos registros se fueron ampliando a otras voces notables, sobre todo de grandes escritores, y los comienzos del nuevo siglo, con sus avances técnicos (filmes, radiofonía, magnetófono) multiplicaron las posibilidades del testimonio inmediato, al tiempo que inauguraban una verdadera obsesión por guardar la memoria.

El interés en historias institucionales, biografías de personas notables o trayectorias relevantes dieron lugar a un recorrido de límites imprecisos entre historia y periodismo, que paulatinamente fue incorporando como protagonista al hombre común. De la palabra del hombre público conservada como una reliquia a la voz del testigo anónimo había una distancia no sólo en cuanto a los objetivos sino también al propio método de recolección. Si los relatos de viajeros y antropólogos traían el lejano rumor de seres y costumbres exóticos, en el horizonte urbano moderno se perfilaban nuevos personajes igualmente dignos de atención: inmigrantes, recientes obreros industriales, campesinos empobrecidos, vagabundos, huérfanos, viudas, soldados.[41]

Esta multitud, percibida como amenazante en el cambiante paisaje de las grandes urbes, cuyos rostros aprehendidos al pasar

---

41. Walter Benjamin (1980) ha descrito brillantemente esta heterogeneidad del cambiante paisaje moderno, volviendo sobre las huellas de Baudelaire, el poeta que mejor lo describiera en su contemporaneidad, y acuñando la figura del *flaneur*, el paseante que recorre los nuevos itinerarios como testigo presencial pero con una mirada distanciada.

sorprendían no siempre agradablemente al paseante benjaminiano, tuvo mucho que ver con el surgimiento de dos géneros que nuevamente presentan umbrales indecisos: la crónica periodística criminal y la novela policial.

En lo que hace a la primera, algunos autores ubican ese lejano afán interrogador, que hasta podría considerarse uno de los orígenes de la entrevista, hacia mediados del siglo XIX, y más precisamente en Francia. Allí, la prensa comenzaba a hacerse cargo de los sucesos cotidianos, de lo ocurrido en las calles de la ciudad que iba transformándose en una aglomeración incontrolable y la pequeña crónica policial (accidentes, peleas, crímenes) requería de la voz del testigo presencial, aquel que abiertamente o embozado, disimulado entre la muchedumbre, accedía a dar su visión de las cosas.

Pero si la palabra del testigo era importante porque dejaba una huella de autenticidad en la abigarrada plana de las noticias, la búsqueda de huellas más sofisticadas desvelaba a ese personaje novelesco que Edgar Allan Poe inmortalizara como C. Auguste Dupin, cuyo carácter triádico (reportero, investigador y detective) funda en cierto modo la mirada semiótica sobre la modernidad.[42] Relatos como «La carta robada» o «Los crímenes de la calle Morgue» delinean en toda su complejidad esa figura, modelo utópico del investigador que todos querríamos ser, donde las reglas lógicas y el conocimiento del mundo pulsional permiten aproximarse a esa incógnita que es la conducta humana. Sin embargo, es en «El misterio de Marie Rôget» donde aparece con mayor claridad un nexo articulador entre investigación y periodismo: un crimen cuyo esclarecimiento se produce por un rastreo diario a través de la prensa, por una red sutil de anuncios y pistas dejadas en sus páginas, que permiten al mismo tiempo leer la trama sociocultural de la ciudad, el recorrido anónimo de sus paseantes, sus zonas peligrosas.

---

42. Thomas SEBEOK y Jean UMIKER-SEBEOK (1987) postulaban la relación entre investigación policial y semiótica en la figura de Sherlock Holmes.

Pero no era solamente el interés por el suceso extraordinario lo que iría conformando los recorridos de la investigación social. El conocimiento del otro, la búsqueda de lo diferente que quizá preveía el tiempo de uniformidades que traería aparejada la era de «la reproductibilidad técnica», llevó a una verdadera obsesión por el desciframiento de creencias, costumbres e historias de la gente común.

Si los diálogos platónicos marcaban ya la posibilidad de descubrir naturalezas y fundamentos en el devenir de las palabras, las ciencias sociales en lo que va del siglo fueron adueñándose de diversas formas de entrevista como medio de producción de conocimientos válido para dar cuenta de fenómenos de gran multiplicidad: historias vitales, autobiografías, relatos testimoniales, cuestionarios abiertos, dirigidos y semidirigidos, relatos de historia oral.

La vieja fórmula antropológica del «estar allí», legitimante de relatos que por otra parte podían leerse como novelas de aventuras,[43] resonaba también en la entrevista urbana, expresando a pesar del «aquí» la creciente distancia que iba produciéndose entre los habitantes del mismo lugar. La heterogeneidad, la mezcla, el cruce de culturas producto de las oleadas migratorias, ofrecían un territorio virgen donde volvían a encontrarse la investigación periodística y el trabajo de campo.

En una trama de cronologías difíciles, pueden anotarse intentos de la historia oral en la posguerra de los años 20 y la crisis posterior, toda una preocupación en los Estados Unidos por las identidades y costumbres de la inmigración. Los años del *New Deal* desataron una pasión por recoger testimonios de toda clase, voces, entonaciones, gestos, viejos modos de producción, antiguas costumbres y cotidianeidades. Los grandes cambios que se avecinaban parecían sugerir esta necesidad de la memoria, de

---

43. Cf. Esta consideración de la antropología como una narrativa, una escritura sometida a procedimientos de ficcionalización similares a la literatura, puede encontrarse en GEERTZ, 1989 y CLIFFORD, 1988.

otorgarle tiempo a la reconstrucción de un mundo al borde de la desaparición, apresando incluso los recuerdos de infancia de la gente común. Tanto las experiencias americanas en este sentido como las europeas, que se intensificaron sobre todo en la segunda posguerra, contribuyeron a la construcción de un espacio donde lo biográfico adquiere consistencia, y es incluso explicativo de tendencias y transformaciones de la sociedad.[44]

5.2. Periodismo, literatura e investigación

En este trasfondo, en esta larga tradición, se inscriben sin duda las preocupaciones del Nuevo Periodismo de los años 60, que, como señalábamos en el capítulo 2, postula nuevas articulaciones entre esos espacios siempre vecinos, sujetos a mutuas contaminaciones: el periodismo, la literatura, la investigación. En ese periodismo subjetivo, que ficcionaliza hechos reales, la figura del entrevistador resume admirablemente las condiciones y competencias de los tres campos: es al mismo tiempo el periodista/detective, el novelista, un personaje incluido en la historia a la manera del antropólogo en la comunidad extranjera, participando de ritos ajenos y operando al mismo tiempo como un «yo testifical» (Geertz, 1989), testigo y traductor de sus sentidos para un público de no iniciados.

Bárbara Golstein, entrevistando a Viva (Wolfe, 1984, págs. 133/134)

Andy Warhol es un hombre de negocios que es, por su categoría, un artista. A causa de esta etiqueta, el espectador o se siente

---

44. Un recorrido multifacético a través de las distintas formas de registro oral, el cambio que se produce en los años 40 sobre todo en los Estados Unidos (donde se ubicarían las primeras formas de historia oral), como un momento de gran ebullición de una sociedad que se torna sobre sí misma para indagar hasta en los detalles menos relevantes de la vida y la cotidianeidad, puede encontrarse en JOUTARD, 1986.

intimidado ante lo que considera Arte, o —lo que suele ser más frecuente— da gusto al *voyeur* que duerme en él en nombre de la experiencia artística. El estudio Warhol es adecuadamente llamado «La factoría» porque en él manufactura un compuesto de *voyeurismo* y *ennui* para consumo público. El prototipo de sus películas es *The Chelsea Girls*, la primera película *underground* que se exhibió en un cine elegante. Hacerla costó unos 10.000 dólares y la recaudación de sus proyecciones pasa ahora del medio millón, lo que hizo comentar al taciturno Andy: «El Nuevo Arte es Negocio».

—Estoy realmente hecha polvo —gimió Viva al terminar la película, mientras se metía una píldora en la boca y se la tragaba con el auxilio de un vaso de vino—. Andy y Paul me están matando con todas estas entrevistas. ¿Por qué no vienes a verme mañana cuando me levante, digamos sobre la una?

Pero si esta modalidad de los relatos también llamados de *non fiction* recurre sin problemas a procedimientos novelísticos, de ficcionalización de escenas, tiempos y personajes, aun cuando se mantengan «fieles» a los hechos, testimonios y documentos, otros tipos de investigación periodística se ubican, por el contrario, en un terreno más próximo al informe despersonalizado, es decir, a los «mandamientos» que sostienen el ideal de la función social de la prensa: autenticidad, seriedad, objetividad.

Si bien éstos son dos puntos extremos (subjetivación/objetivación), se daría en general, respecto de la información, un fenómeno un tanto paradójico. En efecto, aun cuando la prensa esté legitimada por una ideología de la representación que hace valer el requisito de ser «veraz y objetiva», es decir, de dar cuenta de «la realidad tal cual es», el amarillismo, la crítica sobre la manipulación de los medios y nuestra propia experiencia de receptores han hecho de la duda un hábito, una tensión que acompaña nuestra práctica cotidiana. Así, a menudo nos enfrentamos con recelo a noticias que sin embargo estamos tentados de creer porque aparecen en el diario o en la televisión.[45]

---

45. Este fenómeno de creencia en el medio más que en el mensaje, capitalizado sobre todo por la televisión, fue señalado por varios autores, entre ellos Umberto Eco, 1989.

Esa oscilación entre credibilidad e incredulidad que parece caracterizar nuestros modos de apropiación no deja de ser productiva, en tanto nos permite seleccionar con menor ingenuidad entre los múltiples relatos que se nos ofrecen. Quizá más sensibles que nuestros abuelos a la imposible neutralidad del lenguaje, a las marcas evaluativas que sobreviven aun cuando el sujeto de la enunciación esté borrado, escondido detrás de fórmulas impersonales («según fuentes oficiales», «se resolvió» «se dice»), tenemos cada vez mayor evidencia de que los medios no «reflejan» sino *construyen* nuestra realidad, de maneras muy diferentes. Si esto es perceptible comparando una misma noticia en varios ejemplares de la prensa gráfica, la televisión vía satélite refuerza aún más la variedad de las versiones y también su forzada unicidad, como en la guerra del Golfo, que pareció ser enfocada desde una sola cámara, un ojo fijo y atemporal que «miraba» lo mismo para todos: una escena curiosamente vacía de acontecimientos.

¿Qué lugar ocupa hoy, en este horizonte del fin del siglo, la investigación periodística? Su pertinencia, su credibilidad, ¿no han sido desplazadas por el avance arrollador de la divulgación científica? El reportero/investigador ¿no se ha diluido en la figura del especialista o del intelectual massmediático?[46] Sin duda, cada interrogante admitiría más de una (y contradictoria) respuesta.

Podría decirse que lo que distingue a la investigación periodística, lo que hace de ella un género peculiar, pese a la labilidad de sus límites, es una triple inquietud o intencionalidad: la

---

46. La reciente experiencia del filósofo francés Bernard Henri-Lévy parece articular esta doble condición: la del intelectual que realiza una investigación periodístico/etnográfica, cuyos resultados se inscriben en el circuito massmediático. Su película *Bosnia!*, presentada en el último Festival de Cannes, fue realizada con material fílmico del frente de guerra descartado por su violencia por las agencias de noticias, con testimonios recogidos en un trabajo de campo en el frente y con entrevistas a altos representantes de la política mundial. Esta vía elegida para denunciar la responsabilidad de Europa occidental en la guerra de la ex-Yugoslavia, ha generado ya un hecho político.

de resolver un enigma, fundamentar una denuncia u obtener una primicia. En efecto, a través de su larga trayectoria, donde pueden contarse casos célebres que han conmovido a la opinión pública, narrados por reporteros/escritores realmente notables, se sigue reiterando ese carácter de sus comienzos: casos detectivescos,[47] de espionajes, escándalos políticos, financieros y sentimentales, crímenes, corrupción, desastres ecológicos.

Desde la caída de gobiernos a la reapertura de procesos (Watergate o el rastreo de criminales del nazismo,[48] dos ejemplos paradigmáticos), sus resultados suelen ir en ocasiones mucho más allá de las premisas iniciales. Siendo uno de los fundamentos de ese «cuarto poder» que se le atribuyera a la prensa (y que, contemporáneamente, parecería ser muchas veces el primero), este tipo de indagación, muchas veces peligrosa, aun cuando esté sometida a criterios de verificación, también es susceptible de realizarse, curiosamente, en la modalidad subjetiva de la *non fiction* a que nos referíamos más arriba.

Asimismo, la incursión al frente de guerra suele tener en ocasiones carácter de investigación, que une lo testimonial a la crónica y a la confrontación de datos y opiniones. Otras veces, sin embargo, el dramatismo de la situación se diluye en una mezcla de géneros, donde la entrevista deviene una especie de *non fiction* antropológica del trabajo de campo:

Eva Bodenstedt, enviada especial, entrevistando al comandante Marcos en Chiapas (*Macrópolis*, 1994, pág. 18)[49]

---

47. En la Argentina, un destacado representante de la investigación periodística detectivesca en el modo de la «non fiction», muy marcada por la novela negra americana, fue Rodolfo Walsh, que investigara en los años 50 y 60 algunos casos célebres de crímenes vinculados a la política. Recientemente se ha publicado un ensayo de crítica literaria sobre su obra (AMAR SANCHEZ, 1992).

48. Al momento de corregir estas líneas, un periodista de la cadena americana ABC, ha «descubierto» a Erich Priebke, alto jefe nazi responsable de la matanza de las fosas Ardeatinas en Italia (1944), quien vive tranquilamente en Bariloche, Argentina. Luego de presentarlo, levemente arrepentido, en una entrevista televisiva para dicha cadena, el gobierno italiano ha pedido su extradición.

49. Los ejemplos de prensa gráfica que se citan en el libro corresponden a diarios, semanarios o mensuarios argentinos, salvo en este caso: la revista *Macrópolis* es mexicana.

Su coquetería es casi irresistible; sus labios, lo que se puede ver a través de la tela negra, sonríen. Pero hay algo más: el hombre se la ha jugado en la vida sin límites y tiene la percepción emotiva de quien nació para los demás. Busca con sus grandes manos, expresivas, el tabaco en una bolsa de plástico. Hunde su pipa y la llena. Se la acerca a la boca y la prende. El humo blanco se mece frente a lo negro.

Sigue:

—Te voy a decir algo: cuando durante años tienes en tus manos a niños que no puedes salvar, a niños que se te mueren en las manos y no puedes hacer nada, porque es la miseria, entonces haces lo que yo he hecho.

(...) El hombre saca de su pantalón un encendedor que trae la figura de una chica con muy poca ropa. Lo muestra y con voz coqueta me dice:

—Mira lo que me mandan en lugar del original. ¿Tú crees que es justo —le dice a Camú—, que me manden estas mamadas mientras estoy aquí solito?

—Millones de mujeres quisieran estar aquí —le comento.

Pero no siempre la investigación periodística implica riesgos, alcanza niveles de espectacularidad, ni provoca durante largo tiempo los desvelos del reportero involucrado. Lo más habitual es el trabajo sobre diversos aspectos de la vida social, menos dependientes de la primicia o las revelaciones comprometidas, aunque sin duda relevantes: dilemas de la sociedad contemporánea, problemas éticos, poblacionales, sanitarios, de discriminación, tendencias culturales, fenómenos políticos, de opinión, situaciones críticas. Aquí también la gama de posibilidades es muy amplia, pero siempre incluye, en alguna medida, una «observación participante».

Tiempos modernos (*Clarín*, 11/7/1993)

A las tres, la puerta del Roxy, a pocas cuadras del Congreso, es un hervidero de gente. El lugar congrega a músicos de rock y féminas que parecen salidas de las revistas de modas. (...) Mariano tiene su propia teoría del *zapping* bolichero. «Vas buscando el éxtasis, que es efímero: la estás pasando bien y decís ¡guau!, pero enseguida pensás que lo podrías pasar mejor en otra parte.»

(...)

«Cuando llego a la puerta de un lugar ya me siento incómoda. Veo todo segmentado: o sos rocker o sos tecno o sos moderno. Yo no soy nada de eso, soy una mezcla de las tres y no encuentro dónde sentirme cómoda. Entonces yiro», cuenta María.

Las nuevas tribus urbanas (*Clarín*, 22/5/1994)

La antropología cultural ha hecho un gozoso hallazgo: tribus. Así llama a los adolescentes que se reúnen en torno de ciertos lenguajes comunes: el de la música, el de la vestimenta, el de los valores en los que creen o no creen. En conjunto, una especie de ideología primaria.

(...)

Entre un lugar y otro del gran mapa de las tribus —por ejemplo el heavy y el dark, el punk y el hardcore— se nota que también las «políticas», y no sólo el look, cambian de color. Las tribus son más que transitorias ondas: señalan un estado de cosas en la juventud que va de la confrontación pura y directa a la diferenciación estética, la amenaza superficial y la mera conquista de un «territorio libre».

En esta tarea, que también puede incluir el recurso al dato estadístico como la confrontación de documentos, la entrevista opera en una doble dimensión: la de solicitar la opinión de los expertos o autoridades involucrados (procedimiento que según los casos, puede ser reemplazado por la legitimación a través de citas de algún especialista o teórico afín a la temática) y la de otorgar voz a los «sin voz», protagonistas, afectados, víctimas. Las técnicas son múltiples y varían por supuesto según el medio en cuestión: relatos que retienen nombres y descripciones, observación participante, transcripciones de diálogos, presentaciones de casos y personajes en cámara.[50] Las zonas de contacto entre el periodismo y las disciplinas relacionadas con la problemática son múltiples. Los expertos parecen inclinarse cada vez más hacia la divulgación y los reporteros hacia la especialización, encarando a veces la formación de equipos en común. El periodismo científico aparece ya como una necesidad en la currícula de las carreras de Comunicación.

En tanto la entrevista constituye una herramienta clave en este proceso, parece lícito preguntarse sobre las relaciones que podrían establecerse entre sus usos periodísticos y los que son habituales en la investigación en ciencias sociales. A primera vista, y más allá del hecho de que se trata igualmente de un diálogo que apunta al conocimiento, al descubrimiento de una verdad, uno estaría tentado de acentuar quizás las diferencias: el interés informativo, eminentemente público, ligado a la «primicia» o al impacto de opinión, frente al científico, que no siempre trasciende el marco de la institución, los objetivos respectivos, el tiempo de la investigación, el tipo de personajes entrevistados, la finalidad, y quizá la restricción, mayor para los científicos, de involucrarse desde su propia subjetividad.

5.3. Autobiografía, memoria, narración

Sin embargo, en uno y otro ámbito no dejan de plantearse los mismos problemas. La entrevista, la historia vital, la autobiografía, el relato testimonial podrían someterse a interrogantes que también conciernen a la entrevista periodística: ¿es posible obtener datos «objetivos» de la expresión de la subjetividad, y aun, de múltiples subjetividades? ¿Puede confiarse en relatos

---

50. El auge de la investigación periodística en la televisión, que suele abordar temas comprometidos (el SIDA, la prostitución, la violencia familiar, la drogadicción), plantea no pocos problemas éticos en lo que respecta a la utilización de testimonios y sobre todo el recurso a la cámara secreta. Así, el valor documental, de autenticidad, se logra muchas veces con la violación del derecho a la privacidad.

apoyados en la fragilidad de la memoria? ¿Es válido extraer de casos individuales conclusiones para el conjunto?

La cuestión se clarifica un tanto si se acepta que, como en el terreno de la información, «veraz» y «objetivo» son en mayor medida umbrales utópicos a los que se debería tender, que condiciones fácilmente encontrables en algún lugar. Aparece así la necesidad de confrontar fuentes diversas según los casos, no sólo por la posibilidad de ocultación voluntaria sino sobre todo por las trampas inadvertidas que tiende la memoria o los recorridos caprichosos del inconsciente. Pero aunque tomemos la precaución de no aceptar la palabra «al pie de la letra» respecto de lo que se cuenta, hay otros riesgos, insalvables, que tienen que ver con el propio funcionamiento del lenguaje.

Por un lado, el privilegio acordado a la entrevista se sostiene en su «carnadura», en una idea de autenticidad, pero esa palabra directa no es transparente, se enfrenta tanto a las vicisitudes de la oralidad como a las de la escritura. Como tan bien lo expresara Roland Barthes: «...no porque la palabra sea en sí misma fresca, natural, espontánea, verídica, expresión de una interioridad pura, por el contrario (sobre todo en público) es inmediatamente teatral (...) pero al reescribir lo que hemos dicho nos protegemos, nos vigilamos, nos censuramos, tachamos nuestras tonterías, nuestras suficiencias (...) a veces, nuestras averías... (Barthes, 1983, págs. 11/12).

Si la palabra no es una fuente cristalina que expresa la inmediatez del pensamiento o del sentimiento, si conlleva la pugna, la ambigüedad, si es territorio ya «conquistado» (estereotipos, poses, gestos teatrales, huellas de géneros massmediáticos habitan aun las intervenciones menos preparadas, los relatos mejor intencionados), tiene sin embargo un aura a la que es difícil renunciar. Este peso simbólico, la voz que siempre desafía a la escritura, supone un compromiso afectivo, una actividad interactiva donde la escucha se aproxima tanto al psicoanálisis como a la confesión.

Ésa sería entonces la paradoja y el desafío de este tipo de aproximación: lejos de la «imparcialidad» de las cifras o de los datos eruditos, salir como a la aventura para involucrarse en un universo viviente, de personas con nombre, con historias, cuyo relato va más allá de una opción de casillero o un monosílabo, con las cuales se va a discurrir en palabras y en tiempo.

Evidentemente, el «llegar allí», a ese momento de la interacción, viene precedido por teorías y prácticas. Hay una complejidad previa, un trazado argumental que se pone en juego ya en el contacto corporal, antes aun de la primera pregunta. Hay incluso prejuicios acerca de lo que uno va a encontrar, y hay también, a veces de manera coercitiva, el peso de las hipótesis. Es una etapa en la que quizá sería preferible dejar que la mutua iniciativa, lo inesperado, la «imaginación científica» trabajasen con cierta libertad. Los usos periodísticos de la «formulación» son sumamente pertinentes para el entrevistador científico: pueden ayudarlo a descubrir senderos narrativos no explorados, encontrar mejores preguntas sobre la marcha, incluso el modo de registrar palabras «laterales», que glosan quizá de modo significativo un cuestionario cerrado.

La imagen del reportero en este contexto no se da sin consecuencias, a pesar de que habría, en principio, un desajuste básico: por lo general él se interesa en singularidades, incluso en aquello que hace de ese otro alguien «notable» (aun de modo coyuntural, como puede serlo un testigo de hechos, una víctima de alguna desgracia), mientras que el investigador científico pretende más bien dar cuenta de lo social (grupal, institucional, etc.) a través de ciertos casos «arquetípicos» o ejemplificadores.

Sin embargo, y aun teniendo en cuenta la desigualdad de las ubicaciones (el reportero/investigador pregunta o sugiere, el entrevistado responde puntual o asociativamente), pensadas desde la dinámica periodística, las posiciones respectivas resultan, para decirlo de alguna manera, más democráticas. Así, tanto el reportero que debe entrevistar al hombre común, como el científico social que analiza un «caso» o un «informante», pueden otorgarle a ese otro un reconocimiento particular en tanto personaje, cuya historia, experiencia y memoria interesan por alguna circunstancia particular.

Con las diferencias del caso, y aunque la palabra registrada por el científico difícilmente alcance el estatuto público del reportaje (una publicación total o fragmentaria), aquélla puede «salir de anonimato» aun en el contexto de la investigación en tanto se la considere en la riqueza de sus inflexiones, en su narrativa y sus giros metafóricos, no simplemente «condensada», reducida a aquellos enunciados que expresan justamente aquello que uno quiere escuchar.

Ésta es sin duda una cuestión compleja, que interesa a los dos tipos de investigación. ¿Qué usos se hacen de las palabras convocadas? ¿Se las considera con el respeto que dictan las normas de la conversación o se las «saquea» a posteriori? ¿Esas palabras, integradas al discurso del investigador son sometidas al régimen de citas o pierden su autoría? Inversamente, su presentación directa en transcripción ¿es autosuficiente o sólo «ilustrativa»?[51] Estos interrogantes, a los que no se enfrenta el periodista cuando entrevista a alguna figura destacada (es bien clara allí la obligación de ofrecer la versión más «literal» posible de lo dicho), atañen a diferencias sustanciales en cuanto al propio estilo de la narración.

Si las prácticas de la literatura autobiográfica (memorias, autobiografías, confesiones, diarios íntimos), cuyo remoto nacimiento podría ubicarse en la antigüedad clásica, con Marco Aurelio, Séneca, san Agustín, adquirieron relevancia a partir del siglo XVII, en tanto contribuyeron al diseño de la identidad del hombre moderno —la delimitación de los nuevos espacios de lo privado

---

51. Dos ejemplos clásicos de obras científicas construidas con la presentación directa de testimonios son quizá las biografías cruzadas de *Los hijos de Sánchez*, de Oscar Lewis y *Recuérdalo tú y recuérdalo a otros (Blood of Spain)* de Ronald Fraser, historia oral de la guerra civil española. Sin embargo, en ambos casos no se trata de un verdadero «directo» sino de un minucioso trabajo literario, de reconstrucción, de respeto por ciertos acentos propios, un límite ajustadamente encontrado entre autenticidad y pintoresquismo.

y lo público, la interioridad emocional, la autorreflexión, el conocimiento de sí, en la entrevista periodística como en la investigación social el recurso a formas similares participa, como señalábamos más arriba, de una búsqueda explicativa, singular o del grupo social, pero también es una operación sobre la memoria, la proximidad, una avanzada de lo vivencial, de restitución del sujeto frente a la exclusión de las generalizaciones, de las redes anónimas de la comunicación contemporánea.

De ahí, quizá, la reconstrucción de relatos vitales conforma un espacio particular dentro de los productos de la entrevista. Hay allí distintas temporalidades donde no solamente se tejen testimonios sino identidades, y donde la apertura de la privacidad, aun al precio de un uso «ejemplar», es una forma de mutuo reconocimiento.

Hablar de la propia vida se transforma así en una preocupación en los dos registros que estamos comparando, distantes más que por su forma por sus objetivos y sus interlocutores. Un paso más allá está la experiencia personal de los entrevistadores. Pero no termina aquí la pregnancia de lo biográfico en la sociedad contemporánea: hay una verdadera escalada, una diseminación de formas, una recrudescencia de los viejos géneros literarios e infinitas combinaciones que borran los umbrales entre testimonio y ficción.

Curiosamente, los relatos en estos ámbitos diferentes comparten sin embargo ciertas características. Una de ellas concierne a la cuestión de un cierto orden de la vida, a la idea de una continuidad temporal de la experiencia, a un arco que englobaría de manera más o menos afortunada infancia y madurez. El carácter fragmentario de la evocación, la heterogeneidad de la memoria, se resolverían en un relato verídico, global, «representativo». Y es que el relato permite precisamente esa objetivación, ese distanciamiento del mundo interior, ese ser-otro puesto en palabras, en una sintaxis que otorga coherencia y sentido. Contar la propia vida nunca es una experiencia vana, ni una simple sucesión de imágenes estereotipadas, a pesar de la tendencia a la repetición que manifiestan ciertos entrevistados.

Además de contar la vida o dar cuenta de un presente hay otros trabajos reservados a la memoria en la entrevista, que no solamente ejemplifica sino restituye, devuelve eslabones perdidos, da sentido. Más allá o paralelamente a las historias personales se dibuja el ancho mundo, un campo de acontecimientos ya pasados, persistencias, recurrencias ideológicas, zonas del pensamiento, biografías intelectuales e institucionales. Este apoyo invalorable de testimonios, de recuerdos, declaraciones e interpretaciones, no sólo permite llegar a ese nivel de la experiencia, de la subjetividad de quienes presenciaron y vivieron tales circunstancias, sino que habilita a menudo los propios recorridos de la investigación, el manejo de datos y documentos de otro orden.

Tareas a menudo penosas, que luchan contra el tiempo, la desaparición no sólo física de los testigos involucrados sino también de ese fluir asociativo donde los olvidos no son sólo pactos de silencio, donde trabaja la noción imprecisa de «memoria colectiva». Así como ciertos mitos fundacionales postulan un origen ilustre que olvida sus anclajes factuales (el de los reyes de Francia, por ejemplo, más proclives a creerse descendientes de Troya que de los «pequeños y grasientos caballeros francos»),[52] todo relato que involucra una pluralidad de sujetos se recorta sobre un fondo de olvidos compartidos.

Esta obsesión de la memoria, la vuelta sobre acontecimientos que sacudieron a la humanidad o que ponen en cuestión naciones, etnias, identidades, parece ser un rito contemporáneo, quizá un adelanto del balance secular que debería encontrar, aun fragmentariamente, algunas explicaciones.[53] Aquí la entrevista

---

52. (FERRO, Marc 1989) El autor contrasta este tipo de olvido sobre los orígenes a un «segundo tipo» que tendría que ver con un acuerdo tácito entre historiador y sociedad para el borramiento o la atenuación de epopeyas de martirologio, conquista, genocidio, sobre todo de la voz de las víctimas.

53. Reflexiones en torno de la memoria y el olvido, su relación con la historia y la política, pueden encontrarse en YERUSHALMI, LORAUX y otros, 1989; *Communications* N.º 49, 1989; FINKIELKRAUT, 1990; DI CORI, Sept./dic. 1990.

tiene un valor innegable, sobre todo cuando se acerca a sobrevivientes, a esas raras voces que guardan recuerdos a veces imposibles de sobrellevar. Para aludir sólo al ejemplo del nazismo, el rescate de memorias múltiples, cotidianas, de vivencias mínimas y extremas, encuentra en la encuesta oral una condición de posibilidad.[54] Entre las obras producidas en los últimos años, el filme de Claude Lantzmann Shoah queda como un hito antropológico, donde la palabra viva hace resucitar, de ese silencio de las huellas, de esa nada aparente, no sólo la magnitud del genocidio, sino su escalofriante naturalidad.

El lugar de la memoria en su solicitación en el diálogo, más allá del rastreo laborioso o el azar de la escritura, es muy particular. Los saltos, los encadenamientos, las bruscas iluminaciones, el devenir del recuerdo frente a un otro que espera tiene una especie de sacralidad. Las historias, los acontecimientos, los climas de época pueden reconstruirse a partir de huellas materiales, de documentos, de otras textualidades, pero hay sin duda un *plus* en la voz, un ambiente intangible que cobra actualidad en las imágenes «guardadas», aun vacilantes, en los sentidos inesperados que siempre trae aparejada su evocación. Aquí, como en el relato vital, no sólo está en juego un valor de verdad sino también los recorridos, no menos significantes de la imaginación.

---

54. El reciente libro de Tv. Todorov *Vers l'extreme* (que acaba de traducirse al castellano) trabaja justamente sobre un tejido de otros libros de memorias y relatos de los campos nazis y también soviéticos, para reconstruir la trama de virtudes «heroicas y cotidianas», según la célebre distinción de Bajtín, que a pesar de todo no desaparecieron.

CONCLUSIÓN

Las reflexiones que hemos anotado respecto del género «entrevista», estos «apuntes para una definición» seguramente incompletos, no están al margen del clima de época, de ese devenir incesante de significaciones en el cual transcurre nuestra cotidianeidad.

En tiempos en que las grandes certezas han desaparecido, las verdades son sólo relativas y la realidad se ha alejado considerablemente, producto de la satelización, de la proliferación de las redes anónimas de la tecnología, los «hechos» del acontecer se nos aparecen como artefactos y el ritmo diario nos sorprende muchas veces en una especie de sonambulismo, de repetición de rutinas maquinales, en una interioridad amurallada.

Esta situación, enfocada con o sin pesimismo, parece caracterizar a un fin de siglo que, curiosamente, es poco imaginable a pesar de la fantasía continua que sobre él se teje (la TV, el cine, la literatura, la ciencia, la filosofía). Entre las pocas claridades, y como tendencia contrapuesta a la destrucción, al individualismo, a la creciente desigualdad, aparece quizá una necesidad de humanización, de revalorización de los lazos interpersonales, de recuperación del interés por el conocimiento de los otros, próximos o lejanos.

Frente a la pérdida de lo real como algo inequívoco, a la fragmentación de los sujetos y las identidades (individuales o colectivas), el cuerpo, la corporeidad, es una especie de anclaje, una materialidad «a salvo». Por eso quizá, en la saturación discursiva a que somos sometidos cotidianamente, necesitamos apoyarnos en rostros, cuerpos, figuras que nos hablen desde un nombre, una identidad, una voz.

Podría decirse que estas voces son tan lejanas como otras, pero quizá no interesa tanto el estatus «real» de esas palabras como sus modos de manifestación. Gentes, personas, historias nos hablan en directo, para mostrarnos lo que ocurre, la «verdad» del acontecimiento, pero también lo vivencial, lo íntimo, lo obsceno. Si la lente de aumento no hace sino acrecentar la lejanía, nos deja por lo menos la ilusión de una inmediatez reconfortante donde incluso es posible cierta complicidad.

La multiplicación de subjetividades se ve tanto en esa escalada de lo anecdótico que va del noticiario al *reality show*, como en la obsesión de lo íntimo/biográfico que lleva a cada uno de los famosos a abrumarnos con sus confesiones, sin olvidar la necesidad testimonial, ese dar fe de la «propia» y a veces desdichada historia, aun en el modo de la ficción. Pero si a través de la experiencia biográfica se postula un orden de la vida, los que hablan en la entrevista también postulan y reafirman un orden de lo social: posiciones, jerarquías, distribuciones que, como las de entrevistador y entrevistado, no suelen ser intercambiables.

Esta forma de la narración, esta verdadera invención dialógica, despliega así los matices de los juegos de poder, al tiempo que revela el entramado de reenvíos entre lo individual y lo social, las marcas inequívocas de esa mutua implicación. Desde ese espacio móvil y fluctuante, donde las identidades se reconfiguran sin cesar, puede pensarse el lugar peculiar de la entrevista como una intermediación, como un reaseguro tranquilizador, no de «buenas palabras» o encuentros pacificadores, sino simplemente de la autenticidad de las voces, de su legitimidad, de la permanencia de las ubicaciones.

Aún fragmentada, pasada a la escritura, víctima de manipulaciones, la voz parece capaz de resistencia, de mantener una entidad y hasta una identidad: podemos no creer lo que se dice pero tendemos a creer que alguien dice. Esta cercanía a la que nos aferramos (visual, auditiva, gráfica, poco importa), este «grado cero» de la referencia que es el hablante, conforman un espacio capaz de sostener, a su vez (y con nosotros) otras ilusiones: la de la comunicación, la vida como un orden capaz de ser percibido, la del éxito como una relación simple entre virtualidad y realización.

En ese intercambio donde nuestro lugar es el del tercero incluido, podemos presenciar de vez en cuando algunos «milagros»: una voz singular, algo que valga la pena recordar, una revelación, una bella historia. El diálogo, en el cual sin duda participamos sin el requisito antropológico de «estar allí», nos convoca en nuestras propias habilidades, nos equipara en la aptitud para la interacción, nos solicita «de persona a persona».

Allí también nos habla el político (nos responde), perdidos ya los grandes escenarios, los emblemas, las pertenencias acendradas, en esa incómoda transitoriedad en que se encuentra, sujeto a la popularidad o a los caprichos de la suerte, confundido incluso entre otras voces que hablan de lo mismo. Autogestivos, distantes ya de la representación, consagrados a la autorrepresentación en la pequeña escena.

Si la entrevista massmediática alimenta la idea de que la proximidad, el conocimiento, pueden involucrar simultáneamente un *reconocimiento*, y que la mostración de la interioridad nos hace «mejores» a la mirada de los otros, en las entrevistas que se utilizan en investigación (tanto periodística como de ciencias sociales) también hay algo de esa valoración. Conocer al sujeto, «desagregarlo» de la uniformidad, de los colectivos de identificación («sociedad», «pueblo», «masa», «ciudadanía») dejar que cuente «cómo es» y cómo son sus relaciones con los otros, que postule un orden posible de la vida, es ya dar un paso hacia un espesor vivencial de lo social, ese registro de la experiencia que parece poder explicar las inadecuaciones de la teoría, la eterna divergencia del acontecimiento.

La operación cultural sobre la memoria, la recuperación de un pasado no necesariamente exótico o lejano, a veces dolorosamente próximo, es otra apuesta que el género resiste pese a la fragilidad de su materia. La posibilidad de acceder a un recuerdo preciado, a la iluminación de zonas imprecisas, a la captura de momentos fugaces, a la «verdad» de lo ocurrido en tal circunstancia, a un retrato de primera mano, en definitiva, a esa interioridad que hace en cada persona su riqueza, es sin duda una fantasía que, como todas, siempre puede hacerse realidad.

REFERENCIAS BIBLIOGRÁFICAS

AA.VV. (1975) *El análisis estructural del relato*, Buenos Aires, Tiempo Contemporáneo.
AA.VV. (1985) *Entretiens avec LE MONDE*, París, Ed. La Découverte (Vol. I Philosophies, VII Littératures, Vol. III Idées Contemporaines, Vol. VI Civilisations, Vol. V L'individu, Vol. VII La societé).
AA.VV. (1989) «La mémoire et l'oubli», *Communications* n.º 49, París, Seuil.
AMAR SÁNCHEZ, A.M. (1992) *El relato de los hechos*, Rosario, Beatriz Viterbo Editora.
ANDERSON, L. (1986) «At the threshold of the self: women and autobiography» en MONTEIT, M., *Women's writing. A challenge to theory*, Londres, The Harverster Press.
ARIES, Philippe; DUBY, Georges y otros (1990) *Historia de la vida privada* Tomos 5 y 7, Buenos Aires, Taurus.
AUSTIN, John (1982) *Cómo hacer cosas con palabras*, Buenos Aires, Paidós.
AUTHIER, Jacqueline (1982) «Hétérogéneité montrée et hétérogéneité constitutive: éléments pour une approche de l'autre dans le discours» en *DRLAV, Revue de Linguistique* n.º 26, París, Univ. París VIII.
BAJTIN, Mijail (1982) *Estética de la creación verbal*, México, Siglo XXI.
(1983) *El grano de la voz*, México, Siglo XXI
BATESON, BIRDWHISTELL, GOFFMAN y otros (1981) *La nouvelle communication*, París, Seuil.

BAUDRILLARD, Jean (1984) *Cultura y simulacro*, Barcelona, Kairós.
BAUDRILLARD, Jean (1984) *Las estrategias fatales*, Barcelona, Anagrama.
BENVENISTE, Emile. Varias ed. *Problemas de lingüística general*, México, Siglo XXI.
BERMANN, Marshal (1988) *Todo lo sólido se desvanece en el aire*, Buenos Aires, Siglo XXI.
BOURDIEU, Pierre (1984) *Homo academicus*, París, Minuit.
CALABRESE, Omar (1987) *L'etá neobarocca*, Roma, Laterza (tr. españ.: *La era neobarroca*, Madrid, Cátedra, 1989).
CALVINO, Italo (1980) *Seis propuestas para el próximo milenio*, Madrid, Siruela.
CHAMPAGNE, Pierre (1987) «Le cercle politique» en *Actes de la Recherche en Sciences Sociales* n.º 77, París, EHESS/Minuit Mars, 1990 Faire l'opinion, París.
CHARAUDEAU, Patrick (1983) *Langage et discours. Eléments de sémiolinguistique*, París, Hachette.
CHARTIER, Roger (1990) *Les origines culturelles de la Révolution Française*, París, Seuil.
CLIFFORD, James (1988) *The predicament of culture*, Massachusets and London, Harvard University Press.
DEBORD, Guy (1974) *La sociedad del espectáculo*, Buenos Aires, Ed. de la Flor.
DELEUZE, Gilles y PARNET, Claire (1980) *Diálogos*, Valencia, Pre-Textos.
DE VENTÓS, Rubert (1987) «Pudor y pornografía» en *Vuelta* n.º 15, Madrid.
DI CORI, Paola (1990) «L'oblio, la storia e la politica. A proposito di alcune recenti pubblicazione sulla memoria», Turín, *Movimento operaio e socialista* n.º 3 (nova serie), sept./dic.
DI CORI, Paola (1991) «L'io femminile e l'io maschile» en *Soggettivitá e insegnamento della storia*, a cargo de Patrizia Cirio, Milán, Bruno Mondadori.

DI CORI, Paola (1990) «Soggetivitá e storia delle donne» en *Societá Italiana delle Storiche, Discutendo di Storia*, Rosenberg y Sellier.

DI CORI, Paola (1991) «Edipo e Clio. Qualque considerazione su soggetivitá e storia» en *Storia e problemi contemporanei* n.º 8 nov.

DI CORI, Paola (1992) «Infanzia e autobiografía: trasmettere (la propria) storia», (mimeo).

DUCROT, Oswald (1985) *Problemas de lingüística y enunciación*, Cursos y Conferencias n.º 5, Buenos Aires, Facultad de Filosofía y Letras, UBA.

DUCROT, Oswald (1985) *El decir y lo dicho*, Buenos Aires, Hachette.

DUMONT, Martine (1984) «Le succès mondain d'une fausse science: la physiognomonie de Johann Kaspar Lavater» en *Actes de la Recherche en Sciences Sociales* n.º 54, París, EHESS/Minuit Sept.

ECO, Umberto (1981) *Lector in Fabula*, Barcelona, Lumen (*La estrategia de la ilusión*).

FERRO, Marc (1989) «Les oublis en historie» *Communications* n.º 49, París, Seuil.

FINKIELKRAUT, Alain (1990) *La memoria vana*, Barcelona, Anagrama.

FOUCAULT, Michel (1980) *El orden del discurso*, Barcelona, Tusquets.

FRASER, Ronald (1979) *Recuérdalo tú y recuérdalo a otros (Blood of Spain)*, Barcelona, Grijalbo.

FRASER, Ronald (1987) *En busca de un pasado*, Barcelona, Alfons El Magnànim.

GEERTZ, Clifford (1989) *La interpretación de las culturas*, México, Gedisa.

GENETTE, Gerard et. al. (1986) *Théorie des genres*, París, Seuil.

GENETTE, Gerard (1991) *Fiction et diction*, París, Seuil.

GIGLIO, Maria Esther (1986) *EmerGentes*, Buenos Aires, Ed. de la Flor.

GOFFMAN, Erving (1983) *Relaciones en público*, Madrid, Alianza.

GOLOPENTIA-ERETESCU, Sanda (1985) *L'historie conversationnelle*, Documents de Travail n.º 149, Universitá di Urbino, Urbino, diciembre.

GREIMAS, ALJIRDAS J. (1983) *Du Sens II*, París, Seuil.

GROBEL, Lawrence (1982) «Entrevista a Marlon Brando» en *Entrevistas de Playboy*, Buenos Aires, Emecé.

HABERMAS, Jurgen (1981) *Historia y crítica de la opinión pública*, Barcelona, Gustavo Gili.

HELLER, Agnes (1984) *Teoría de los sentimientos*, Barcelona, Fontamara, 1984.

HERITAGE, John (1985) «Discourse and dialogue» en Van DIJK, T. *Handbook of Discourse Analysis*, Vol 3, Orlando, Florida, Academic Press.

JANIK, Allan y TOULMIN, Stephen (1983) *La Viena de Wittgenstein*, Madrid, Taurus.

JOUTARD, Philippe (1986) *Esas voces que nos llegan del pasado*, México, Fondo de Cultura Económica.

LEBLANC, Gerard (1993) «Scénarios de la vie ordinaire» en *Esprit*, enero, París (el artículo forma parte de un dossier sobre el *reality show*).

LEIRIS, Michel (1992) *L'Afrique Fantôme*, París, Gallimard.

LEJEUNE, Philippe (1980) *Je est un autre*, París, Seuil.

LEVINAS, Emmanuel (1982) *Étique et Infini, Dialogues avec Philippe Nemo*, París, Fayard.

MALINOWSKI, Bronislaw (1985) *Journal d'ethnographe*, París, Seuil.

MARCUS, Laura (1987) «Enough about you, let's talk about me. Recent autobiographical writing», *New Formations* n. 1, Londres.

MAURIÈS, Philippe (1979) «Andy Warhol interview» en *La conversation*, Revista *Communications*, París EHESS.

MILLERET, Jean de (1971) *Entrevistas con Jorge Luis Borges*, Caracas, Monte Ávila.

NORA, Pierre comp.: (1987) *Essais d'égo-histoire*, París, Gallimard.
PASSERINI, Luisa (1988) *Autoritratto di gruppo*, Florencia, Giunta.
PROPP, Vladimir (1977) *Morfología del cuento*, Madrid, Fundamentos.
ROBERT, Marthe (1973) *Novela de los orígenes y orígenes de la novela*, Madrid, Taurus.
ROBIN, Regine (1989) *Le roman mémoriel*, Montreal, Le Préambule.
ROSHKO, B.: (1986) «La evolución del contenido de la noticia en la prensa norteamericana» en O. GRABER comp. *El poder de los medios en la política*, Buenos Aires, Grupo Editor Latinoamericano.
SAVATER, Fernando (1988) *El contenido de la felicidad*, Madrid, Ed. El País.
SEBEOK, Thomas y UMIKER-SEBEOK, Jean (1987) *El método de la investigación*, Barcelona, Paidós.
SENNETT, Richard (1978) *El declive del hombre público*, Barcelona, Península.
SIEGEL, Larry (1982) «Entrevista a Mel Brooks» en *Entrevistas de Playboy*, Buenos Aires, Emecé.
STEEDMAN, Carolyn (1986) *Landscape for a good woman*, Londres, Virago.
VERÓN, Eliseo (1983) *Construir el acontecimiento*, Buenos Aires, Gedisa.
(1985) «La mediatización y los juegos del discurso», entrevista de Leonor Arfuch para *Punto de Vista* n.º 24, Buenos Aires agost./oct.
(1985) *La mediatización. Hacia una teoría de los discursos sociales*. Buenos Aires, Fac. de Filosofía y Letras.
WHITE, Hayden (1992) *El contenido de la forma*, Barcelona y Buenos Aires, Paidós.
WITTGENSTEIN, Ludwig (1988) *Investigaciones filosóficas*, México, UNAM Ed. Crítica.

(1991) *Diarios Secretos*, Madrid, Alianza

WOLF, Mauro (1982) *Sociologías de la vida cotidiana*, Madrid, Cátedra.

WOLFE, Tom (1984) *El nuevo periodismo*, Barcelona, Anagrama.

YERUSHALMI, Y; LORAUX, N. y otros (1989) *Usos del olvido*, Buenos Aires, Nueva Visión.

BIBLIOGRAFÍA BÁSICA SOBRE EL TEMA

ARFUCH, Leonor (1987) «Dos variantes del juego de la política en el discurso electoral de 1983» en AA. VV. *El discurso político. Lenguajes y acontecimientos*, Buenos Aires, Hachette.
BARTHES, Roland (1979) Presentación al número dedicado a «La conversation», Revista *Communications*, París EHESS.
FLAHAUT, François (1978) *La parole intermediaire*, París, Seuil.
GRICE, H., Paul (1975) «Logic and Conversation», *Syntax and Semantics* Vol III, Speech Acts, Ed. P. Cole and J.L. Morgan, Academic Press, Inc.
KERBRAT ORECCHIONI, Catherine (1986) *La enunciación*, Buenos Aires, Hachette.
WATZLAWICK, Helmick y otros (1985) *Une logique de la communication*, París, Seuil (hay edición castellana).